MOI, TA MÈRE

Christiane Collange

MOI, TA MÈRE

« Ce sont les parents qui aiment leurs enfants, et non les enfants leurs parents. »

Françoise Dolto

Fayard

DU MÊME AUTEUR

Madame et le Management (Tchou, 1969)
Madame et le bonheur (Robert Laffont, 1972)
Je veux rentrer à la maison (Grasset, 1979)
Ça va, les hommes ? (Grasset, 1981)
Le divorce-boom (Fayard, 1983)

Remerciements

Merci d'abord à mes quatre fils qui m'ont incitée, depuis trente ans, à me poser tant de questions.

Merci ensuite à Mac qui ne m'a pas quittée un instant pendant la rédaction de ce livre. Son intelligence, sa diligence, son adaptabilité, son interactivité, sa régularité, sa rapidité ont transformé ma tâche d'auteur.

Mac est un diminutif amical : en réalité, il s'appelle MacIntosh.

Avertissement typographique

Ce livre comporte un certain nombre de mots composés en *italiques*. Il s'agit d'expressions courantes dans le langage des jeunes, mais qui ne sont pas encore entrées dans les dictionnaires. Tous les parents de jeunes en connaissent la signification, même s'ils ne les utilisent pas personnellement dans leur langage courant *. L'auteur a demandé à ce qu'ils soient composés différemment, non par purisme, mais dans un souci de pérennité. Rien ne prouve que, dans quelques années, *ça craint* et *meuf* — femme en verlan — ne seront pas totalement démodés. L'auteur préfère dissocier son propre vocabulaire de ces locutions provisoires.

* Les langages « jeunes » variant beaucoup selon les bandes et les localités, un lexique placé à la fin de cet ouvrage reprend les termes en italiques et donne leur signification la plus généralement admise.

SOMMAIRE

Avant-propos

SI votre fille sourit le matin en vous disant bonjour
SI votre fils vous embrasse le soir en vous disant bonsoir

SI votre fille aime les études qu'elle fait
SI votre fils fait les études qu'il aime

SI votre fille range sa chambre une fois par semaine
SI votre fils cire ses chaussures une fois par semaine

SI votre fille vous propose un cachet quand vous avez la migraine
SI votre fils vous demande comment va votre travail quand vous avez l'air préoccupé

SI votre fille s'occupe dès le printemps d'organiser ses grandes vacances
SI votre fils cherche à Pâques un petit boulot pour l'été

SI votre fille envoie une carte postale à sa grand-mère quand elle part en voyage
SI votre fils vous achète une bricole imprévue pour votre anniversaire

SI votre fille vous fait un budget et s'y tient
SI votre fils vous prévient quand il ne rentre pas dîner

SI votre fille éteint la lumière en quittant une pièce
SI votre fils ferme la porte d'entrée à clef quand il sort

SI vous trouvez votre fille plus épanouie que vous ne l'étiez à son âge
SI vous trouvez votre fils mieux dans sa peau que vous ne l'étiez à son âge,

... inutile de lire ce livre, sauf pour vous conforter dans votre conviction d'être des parents comblés.
Comme tous les pères et mères n'ont pas la même science ou la même chance que vous pensez à eux : prêtez-le !

I

Pitié pour les parents !

J'ai mal à mes jeunes. Comme on a mal aux dents ou mal à la tête.

Une douleur diffuse, latente, qui ne m'empêche pas de me lever le matin, d'aller au travail, de parler d'autre chose, de profiter des bons moments de la vie, de garder le sens de l'humour. Une gêne, pourtant, qui grisaille l'horizon du jour prochain, empoisonne peu à peu nos contacts, détériore le climat du cercle familial, dévore et gâche le temps — ce temps qui passe de plus en plus vite et dont je voudrais pouvoir profiter encore.

Comme j'en ai assez d'avoir mal à ma « maternitude », j'ai décidé d'exprimer sur le papier cette frustration à laquelle je ne me résigne pas. Tout ce gaspillage de tendresse me met le cœur à l'envers.

Pas seulement le cœur, d'ailleurs, l'esprit aussi s'insurge. Moi qui ai tellement cru aux vertus du dialogue, à la force de l'éducation libérale, à l'importance de la confiance, à l'apprentissage de la liberté, aux méfaits de la contrainte, je voudrais comprendre, analyser nos divergences et mes erreurs, leurs exigences et mes attentes, les lois éternelles et les circonstances actuelles, toutes données qui ont modelé et distordu nos relations pour aboutir à ce fiasco.

Plus de sourires ni de baisers

Quand mes enfants étaient petits, je me reprochais de ne pas leur donner assez. Ils exigeaient tout, je leur accordais beaucoup, ils ne s'estimaient jamais rassasiés ni de ma présence, ni de mon amour, ni de l'attention que je leur portais. Parfois, cette voracité affective m'étouffait ; la plupart du temps, elle me comblait. Un regard d'enfant, un sourire d'enfant, un câlin d'enfant m'ont toujours rendu largement la monnaie de ma pièce maternelle.

Depuis que mes enfants sont jeunes [1] rien ne va plus. Ils exigent toujours mille choses, mais récusent ma présence, mon attention et jusqu'à mon amour. Notre troc est détraqué : ils ne disposent plus de sourires, de baisers ni de câlins

1. Je prends le mot « jeunes » dans le sens qu'on lui confère à la télévision dans *La Vie des animaux* · plus des tout-petits qui dépendent totalement de leurs parents pour survivre, pas encore des adultes capables de subvenir eux-mêmes à leurs besoins vitaux

pour me payer en retour. Pourtant, j'ai baissé mes prix, le plus souvent une simple parole suffirait à me dédommager. Par exemple :

« Bonjour » quand ils entrent dans une pièce où je suis,

« Merci » quand je leur tends les clefs de la voiture,

« Bonsoir » quand ils quittent la table à peine la dernière bouchée avalée,

« S'il te plaît » quand ils m'empruntent mon survêtement rose ou me piquent le magazine que je viens juste d'acheter,

Sans parler d'un « Comment ça va ? » pas trop machinal, le jour où je me sens fatiguée.

Il serait si bon, parfois, qu'ils s'aperçoivent que je suis un être humain avec ses moments de lassitude, de vague à l'âme, de faiblesse. Qu'en somme, je suis comme eux, et que je dispose encore de vastes réserves d'amour dont ils pourraient profiter à condition de me considérer comme une partenaire à part entière, non comme une vache à lait.

Peut-être suis-je en partie responsable de cette situation. Je n'ai jamais souffert de dépression grave, je me lève le matin plutôt de bonne humeur. En fin de compte, j'ai plutôt essayé de jouer les femmes fortes que les « Pauvre Maman ». Me croyant inépuisable, ils n'ont probablement pas de raison de vouloir me ménager.

Pourtant, forte ou faible, je ne me résigne pas à ces nouvelles relations. Si l'on peut appeler cela des relations !

Peut-être ma révolte tient-elle à mon tempérament de femme moderne. Je n'ai jamais eu le goût du sacrifice ni la vocation de la sainteté. J'ai toujours milité pour la libération des opprimés, la reconnaissance du droit de chacun/chacune à disposer de soi-même. Féministe depuis ma jeunesse, je suis fière de la place que les femmes de ma génération ont su se tailler dans la société, ainsi que des nouveaux rapports que nous sommes parvenues à instaurer entre beaucoup d'hommes et les femmes.

Cette nouvelle donne au sein du couple ne s'est pas faite toute seule. Il a fallu s'expliquer, remettre en question des évidences présupposées, redéfinir les relations, saupoudrer le tout de beaucoup de tendresse et d'un peu d'humour pour inventer cette nouvelle cuisine amoureuse, à la fois plus légère et plus savoureuse.

Pour avoir pris part à ce que je considère comme un incontestable progrès — la libération des femmes du carcan de leur rôle imposé par des traditions multiséculaires, un rôle ni écrit ni choisi par elles-mêmes —, je suis convaincue qu'il vaut mieux prendre les problèmes à bras le cœur que de les laisser vous ronger la vie.

J'ose donc avouer l'inavouable : j'aime mes enfants, soit, mais ce sentiment ne suffit pas à me combler de joies et de satisfactions. **Je suis une mère frustrée, pas du tout fière de l'être.**

Le fossé des générations a deux rives

J'en ai assez d'entendre parler à tout bout de champ des jeunes qui souffrent de leurs mauvaises relations avec leurs parents. L'inverse existe aussi : des parents qui se sentent rejetés par leurs jeunes et qui ne parviennent pas à communiquer avec eux. De ceux-là, personne ne parle jamais.

Le fossé des générations a deux rives. Il est aussi profond à traverser pour ceux qui montent que pour ceux qui descendent. Souvent, je me dis que je n'ai pas le bras assez long pour tendre la main aux jeunes de l'autre côté et les aider à sauter le pas de leurs contradictions. D'autres fois, j'en arrive à une tout autre conclusion : ils n'ont simplement pas envie de se responsabiliser, ils se trouvent bien plus *peinards* de leur côté du fossé et ne voudraient pour rien au monde aborder notre versant de la vie, grouillant de problèmes et d'activité.

Pour être sûrs que nous ne tenterons pas de les déloger de leur planque, là-bas sur l'autre rive, ils tirent l'échelle, ferment les écoutilles, brouillent les messages. Nous ne savons plus du tout comment nous y prendre pour les joindre, établir le contact avec eux.

Un soir de l'hiver dernier, je regardais à la télévision un énième reportage sur les adolescents prédélinquants — ou les préadolescents délinquants, je ne sais plus très bien. A la dernière image, un jeune garçon à la mine chafouine poussait un long soupir en constatant : « *J'aimerais tant pouvoir parler de tout cela avec mes parents, mais chez nous on ne se parle pas...* » Zoom de fin, lourd de signification sur ces mauvais parents qui, par leur silence, poussent leur enfant à écouter les voix malfaisantes, toujours disposées à l'attirer hors du droit chemin.

Eh bien, moi aussi, très souvent, je voudrais pouvoir parler de choses importantes avec mes jeunes. Mais, chez nous, bien que nous n'habitions pas un grand ensemble de Bobigny ou de Vénissieux, on ne s'adresse le plus souvent la parole que pour régler des détails de la vie quotidienne : « *T'aurais pas 100 balles ?* », « *J'ai plus de chaussettes* », « *Pourquoi t'as encore acheté du Pepsi, j'aime mieux le Coca* », « *Nathalie n'a pas téléphoné pour moi ?* »

Pourtant, je ne regarde pas aux efforts pour remédier à la pauvreté de notre communication. J'ai appris dans les livres à dire *je* et non *tu,* à exprimer vraiment ce que je pense au lieu de sous-entendre et de biaiser : « *Je ne supporte pas que tu mettes la musique aussi fort pendant que je travaille* », et non : « *Comment peux-tu supporter de travailler en mettant de la musique aussi fort...* ». Côté silence, je ne plaide donc pas coupable. Ce sont eux qui ne veulent pas m'entendre, eux qui refusent de s'exprimer, eux qui n'en ont *rien à secouer* de ce que je pense, de ce que je suis.

Pitié pour les parents des jeunes d'aujourd'hui ! On nous accuse de tous leurs défauts, on nous rend responsables de tous leurs délits, on cultive à grands coups de psy-médias notre culpabilité qui sert d'excuses et d'alibis à tous leurs errements.

Non, nous n'avons pas été de si mauvais parents. Ça n'était pas facile de tenir la barre éducative dans une société en complète transformation, en plein délire de consommation, où toutes les valeurs prenaient un sacré coup de vieux, où tout devenait achetable et jetable à merci.

J'aurais voulu vous y voir, vous autres les anciens qui nous expliquez toujours que vous vous êtes tellement mieux débrouillés que nous autres. Nous n'avons pas eu de guerre pour leur apprendre à se priver et à avoir peur. Nous n'avons pas disposé d'une Libération pour y jouer les héros et reconstruire le pays sous leurs yeux.

Enfants pourris, enfants gâtés

Je sais qu'il peut paraître incongru de remettre ainsi en question les rapports que l'on entretient avec ses enfants : si ça va mal, c'est forcément de notre faute, tous les éducateurs vous le diront. Ceux-là se tiennent toujours prêts à nous taper sur les doigts quand leurs élèves — qui se trouvent justement être nos enfants — leur donnent du fil à retordre ou se moquent de leurs cours comme de leur première couche-culotte.

Après tout, nous n'avons que ce que nous méritons : si nos enfants sont trop gâtés, c'est que nous les avons pourris. Il ne nous reste plus qu'à nous accrocher indéfiniment, vaille que vaille, à nos personnages de parents libéraux et de mères libérées.

Cheveux gris et maison ouverte, coup de pouce financier et lunettes demi-lunes, la générosité serait notre seule issue. Même si nous sommes condamnés à donner en échange de rien.

Vous n'imaginez même pas, vous les jeunes, comment nous oserions vous reprocher d'être ce que vous êtes :

> « Eh, les parents, *faudrait quand même pas déc'*... Vous nous avez voulu, n'est-ce pas, et vous nous avez eus. Nous ne vous avons pas demandé à naître. Il faudrait quand même pas inverser les rôles et attendre de la reconnaissance par-dessus le marché !... Attention, Maman, si tu n'es pas contente avec le peu qu'on te donne et le trop qu'on te demande, tu vas te faire taxer d'incohérence. La pilule existait déjà quand tu nous as fabriqués. Si tu n'étais pas prête à nous assumer comme nous sommes, il fallait pas passer commande. Tous les psy te le diront.
>
> A bas les mères abusives ! Au feu les mamas juives étouffantes et castratrices ! A la lanterne les mères Méditerranées directives et larmoyantes ! Vivent les mères compréhensives et super-sympas ! »

Le modèle de rêve : la mère autonome qui ose afficher un certain détachement envers sa nichée et dont la condition maternelle ne contrarie pas les ambitions, ne trouble pas l'ego, ne dérange pas la « seconde » jeunesse...

Balivernes. Je ne suis ni italienne ni complexée. Mon Œdipe n'empiète pas outre mesure sur mon comportement habituel. Je n'ai jamais eu envie de faire l'amour avec aucun de mes quatre fils. J'ai suffisamment réussi dans mon activité professionnelle pour ne pas attendre gloire ni renommée par enfant interposé. J'échappe pour l'heure aux bouffées de chaleur et de mélancolie liées à la ménopause. Je ne souhaite pas — mais alors, pas du tout — te garder toute ta vie auprès de moi. Je suis autonome et beaucoup plus libérée que la plupart de tes petites copines qui réclament leur indépendance tout en refusant leurs responsabilités.

En fait, je suis persuadée que j'ai moins besoin de toi que tu n'as besoin de moi pour vivre.

C'est ta dépendance qui me pèse, pas la mienne !

L'argument du temps qui passe

Voilà que je te dis **TU,** tout à coup, parce qu'il n'y a pas de vous collectif quand on entreprend de s'expliquer avec un enfant.

Quand vous étiez petits, j'employais tout le temps le **VOUS** groupé. Pour **VOUS** envoyer au bain, **VOUS** mettre à table, **VOUS** conseiller fermement de ranger votre chambre si **VOUS** ne vouliez pas que ça barde, et **VOUS** rapporter des éclairs au chocolat quand **VOUS** nous aviez laissés dormir le dimanche matin.

Passé la puberté, le **VOUS LES ENFANTS** n'existe plus. C'est un à un, à titre individuel, chacun à votre manière, que vous pouvez me faire mal, me faire souci, me faire douter, me faire pleurer de rage ou de bonheur.

Tout cela t'étonne, tu ne comprends pas bien ce qui me prend soudain. Pudique comme on l'est à ton âge, tu considères même comme un peu indécent de parler ainsi en public de ce qui se passe entre tes parents et toi : d'accord, ce n'est pas toujours le grand pied bleu entre *les vieux* et toi, mais ce n'est quand même pas une raison pour en faire tout un *cinéma !*

En somme, je devrais attendre que tu cesses de toi-même de me faire du mal tout en continuant à te faire du bien. Tout cela finira bien par s'arranger *tranquillos,* quand tu auras toi-même des enfants que tu me confieras pour que je les garde quand ça t'arrangera de t'en débarrasser.

Un peu facile comme attitude, pas évident comme résultats...

Non, vois-tu, je n'arrive plus à me convaincre que tout cela n'est qu'un mauvais moment à passer et que, dans quelques années, tout sera oublié. Cet argument du temps qui passe m'a aidée à supporter tes 13 ans, à épauler tes 15, à assumer tes 18, à tolérer tes 19. Aujourd'hui, tes 20 ans sont passés, et j'en ai assez de jouer les prolongations. je n'arrive plus à me persuader qu'une fois passé l'orage de ton adolescence et de ton interminable post-adolescence, nous retrouverons tout naturellement le dialogue un instant — de presque dix ans — interrompu.

C'est parce que je crois que ce qui se passe entre nous est un peu irréparable, pas vraiment utile, et très dommage, parce que j'espère débrider l'abcès de notre communication en analysant objectivement — subjectivement aussi, je l'avoue — la situation, que j'ai eu envie d'en faire le bilan. De mettre un peu d'ordre dans mon fouillis intérieur et de te montrer comment ça fonctionne, comment ça réagit, comment ça pleure, comment ça rit, comment ça vit, cette curieuse bête, cette drôle de machine qui t'a fabriqué.

Ici et maintenant, une fois n'est pas coutume, ce n'est pas de toi que nous allons parler, mais de moi :

moi, ta mère

II

Un personnage qui n'existe pas

Ni jeune maman, ni vieille mère, personne ne reconnaît l'existence du personnage que je représente : la génitrice d'êtres humains qui, après avoir été nourrissons, bébés, enfants, puis adolescents, s'agrippent à la crête de la jeunesse pour ne surtout pas devenir trop vite adultes.

Preuve de cette lacune : les instituts de sondage m'ignorent. En décembre 1983, ce livre me trottant déjà dans la tête, je me précipite sur une enquête de *L'Express*. Le titre correspond on ne peut mieux à mes préoccupations du moment · **« QUELS PARENTS ETES-VOUS ? ».**

Le chapeau m'allèche :

> « Etre parent : sans doute n'est-ıl pas de responsabilité plus lourde, plus délicate à assumer. Sans doute n'est-il pas de métier qui ait évolué plus radicalement (.) Bousculés par un monde en constante évolution, obligés désormais d'innover face à leurs enfants, de fixer eux-mêmes la règle du jeu, comment les

parents réagissent-ils ? Sont-ils heureux ou malheureux, sûrs d'eux ou déboussolés, sévères ou laxistes ? Pour tenter de dresser un portrait de ces parents, nous avons usé d'une méthode lourde mais révélatrice : le sondage. Pour l'élaborer avec les spécialistes de *Gallup-Faits et Opinions,* nous avons d'abord procédé à une enquête auprès de tous ceux qui sont en contact avec les parents : psychologues, sociologues, professeurs. »

Imaginez mon attente ! Quoiqu'un peu méfiante vis-à-vis des « psycho-socio-pédago » toujours empressés de nous faire le coup de la paille et de la poutre, j'espérais trouver enfin des réponses scientifiquement fondées à mes interrogations subjectives. Confronter ma propre expérience, ainsi que les témoignages des quelques dizaines de parents que j'avais pu interroger, avec l'opinion de millions de mes congénères et le verdict d'un échantillon représentatif : telle était exactement l'occasion que je recherchais.

Désappointement total, quelques lignes plus loin, quand les sondeurs annoncent la couleur :

« Nous avons décidé non pas de distinguer des catégories de parents selon leur milieu social ou leur niveau intellectuel, mais de nous adresser à trois " âges " de parents : ceux qui ont des enfants en bas âge, ceux qui ont des écoliers de 6 à 11 ans et ceux qui élèvent des adolescents [1]. »

Et moi alors ? Où suis-je ? Personne ne me demande mon avis ? Mes interrogations, mes doutes, mes difficultés, mes responsabilités, mes principes éducatifs, mes certitudes et mes hésitations ne présentent vraiment aucun intérêt ?

Moi qui garantis le gîte et le couvert à des enfants de plus de 16 ans, moi qui vis les affres des orientations au-delà (ou à côté) du bac, moi qui redoute autant la menace du chômage pour mes jeunes que pour ce qui me concerne, qui règle les factures de leur bien-être, de plus en plus salées au fil des années [2], qui subis leurs sautes d'humeur, qui assiste impuissante à leurs états d'âme et à leurs chagrins d'amour, qui suis soumise au chantage conscient ou inconscient de la délinquance, de la drogue, voire même du suicide, — moi, je n'aurais plus mon mot à dire en tant que parent ?

1. L'âge des adolescents était précisé plus loin dans l'enquête : de 12 à 16 ans.

2. J'ai toujours été sidérée par le fait qu'on supprime les allocations familiales au-delà de 16 ans, alors que c'est le moment où les enfants coûtent le plus cher dans les foyers modestes. Les bébés ne réclament pas de *mob*, ne mangent pas comme quatre, ne changent pas de mode à toutes les saisons, ne partent pas faire du camping avec LA bande de copains attitrés

Sous prétexte que depuis 1974, la majorité légale a été abaissée à 18 ans, dois-je me considérer comme une mère du « quatrième âge » ? *Amortie,* dépassée, n'ayant plus voix au chapitre de leur devenir ? *Casque* et tais-toi, en somme !

Croit-on vraiment qu'une fois majeurs, nos chers petits prennent subitement leur destin en mains et nous déchargent de notre fardeau éducatif ? Est-ce parce qu'on ne peut pratiquement plus rien leur conseiller sans se faire aussitôt rabrouer qu'il faut renoncer à s'exprimer ?

A dire vrai, j'étais scandalisée, mais pas tellement étonnée. J'ai l'habitude de ce « trou noir » où notre société médiatique enferme tout ce qui n'est pas *trop.* Trop beau, trop riche, trop pauvre, trop malheureux, trop jeune ou trop vieux : il faut *être trop* pour avoir droit aux gros titres ou aux enquêtes.

Dans mon rôle de mère, justement, je ne suis *pas très.* Pas très jeune, pas très vieille, pas très contente, pas très malheureuse non plus, d'ailleurs. Après tout, vous êtes grands, forts et en bonne santé ! Cela devrait suffire pour me sentir en paix avec ma maternité, j'ai *assuré* mes devoirs de reproductrice, vous avez les conditions physiques nécessaires pour vous mêler au troupeau.

D'où vient alors mon malaise? Du changement.

Toffler l'a bien expliqué dans *Le Choc du Futur* et dans *La Troisième Vague* [1] : toutes les difficultés d'adaptation des hommes et femmes modernes viennent de ce qu'ils ont à faire face à des situations nouvelles sans modèles préétablis, sans références antérieures, sans possibilités de se conformer à des comportements déjà homologués par les générations précédentes. C'est ce qui explique mon stress maternel : les jeunes et nous vivons une situation radicalement moderne, la post-adolescence.

Le recul des âges clés

Dans le temps — que je ne qualifierai pas de « bon vieux », car je trouve plus intéressant et infiniment plus confortable, pour une femme, de vivre dans ce monde contemporain qu'au sein de la société paysanne du XVIIᵉ siècle, ne serait-ce, par exemple, qu'à cause de l'eau courante qui m'évite de charrier des seaux d'eau à longueur de journée — dans le temps, donc, la vie des mères et de leurs enfants se déroulait de façon binaire. Simple comme une course de relais

1. Editions Denoël.

Quand les mamans étaient jeunes, les enfants étaient petits ; quand les petits devenaient grands, les mères étaient vieilles. Les bras se remplaçaient pour assurer la survie : le jour où ceux des parents n'étaient plus assez forts pour travailler, les muscles des jeunes prenaient la suite. *On ne s'éclatait pas* tous les soirs à la veillée, mais les règles relationnelles étaient relativement faciles à comprendre [1].

Si on n'était pas d'accord pour prendre la relève et assurer les vieux jours de ses parents, on disparaissait. Marin-pêcheur ou curé, femme de chambre ou nonne, il fallait trouver un gagne-pain, payer le prix de sa liberté en travaillant pour les autres ou pour le bon Dieu.

Comme les gens étaient vieux jeunes et que les petits étaient grands tôt, la synchronisation se goupillait assez bien.

Si, par hasard, les mères ne vieillissaient pas tout à fait assez vite pour s'intégrer dans ce schéma, elles avaient la bienséance de se déguiser. Robe noire, fichu noir, bas noirs ne laissaient aucun doute apparent sur leur condition.

Plus le temps a passé, plus les situations se sont compliquées, plus les personnages se sont diversifiés. Depuis un siècle, les deux âges-clés de nos interrelations n'ont cessé de reculer

1. Cf. les travaux de l'historien Philippe Ariès.

1. Celui où vous vous décidez enfin à entrer dans la vie active et à devenir adultes, nous déchargeant de nos responsabilités ;
2. Celui où nous nous rapprochons de l'échéance et où vous êtes obligés de nous prendre en charge à votre tour.

L'allongement de la scolarité obligatoire, l'inflation des études supérieures (on compte désormais au moins cinq ans pour un diplôme un tant soit peu coté sur le marché du travail), la raréfaction des mariages précoces pour cause de grossesses indésirées, ont étiré la jeunesse au sortir de l'enfance.

La « conservation » physiologique, l'amélioration de la santé, les progrès de la longévité ont différé la vieillesse pour ceux qui se dirigent vers la sortie.

Vous avez ainsi gagné presque dix ans de *bulle* avant de vous assumer financièrement — de 14 ans, âge de l'ancien certificat d'études, à 24 ans, âge auquel vous arrivez souvent difficilement à terminer des études, pour peu que vous vous soyez fait coller une fois au bac (que vous passez de plus en plus tard). Sans parler des délais qui s'allongent pour la recherche d'un premier emploi : il s'écoule en moyenne plusieurs mois entre le moment où un jeune débarque sur le marché du travail et celui où il trouve une situation qui lui convienne.

De notre côté, nous bénéficions d'un sursis de 20 ans dans notre espérance de vie. Sursis important en quantité, mais surtout en qualité. La diététique, la médecine préventive, la pratique du sport transforment les conditions physiologiques du dernier tiers de la vie humaine.

Si bien que nous nous retrouvons tous et de plus en plus souvent sous le même toit pendant une dizaine d'années, les uns et les autres à peu près dans le même état : hommes et femmes valides en pleine possession de leurs capacités physiques et intellectuelles.

Une enquête de l'Institut national d'Etudes démographiques [1] a montré que la moitié des jeunes de 18 à 25 ans habitent chez leurs parents. Les autres sont partis par obligation — leurs études ou leur emploi les contraignant à se loger loin du domicile parental — ou pour se marier légalement (31 %) ou « à l'essai » (10 %). Si bien qu'en excluant des statistiques les jeunes mariés — mais, dans ce cas, sont-ce encore vraiment des « jeunes » ? — les résultats de l'INED sont encore plus frappants : entre 18 et 24 ans, les *trois quarts* des célibataires vivent encore chez Papa-Maman.

Selon Catherine Gokalp, qui a dirigé l'enquête de l'INED, il n'y aurait que 6 % de jeunes

1. « *Quand vient l'âge du choix* », enquête de l'INED, 1982

à avoir quitté leur famille de façon délibérée parce qu'ils s'entendaient mal avec leurs parents. Sans compter ceux, de plus en plus nombreux, qui, à la suite d'une rupture de leur couple ou d'un divorce, réintègrent le domicile parental en redevenant célibataires. Seuls, ou avec un enfant. Provisoirement, bien sûr, mais pour combien de temps ?

Le problème est que cette cohabitation qui n'a rien de juvénile repose sur un profond malentendu. Vous conservez à notre égard une mentalité infantile, alors que nous essayons désespérément de vous transformer en coéquipiers.

Vous attendez encore presque tout de Papa/ Maman/Providence, sans vous rendre compte que l'heure de l'indépendance — ou de la participation — a largement sonné.

En fait, le ras-le-bol est en train de changer de camp. Ce n'est plus nous qui nous accrochons à vos basketts, mais vous qui refusez de nous lâcher les mocassins.

La méthode « corse »

De mon temps — il faut bien employer cette expression qui m'a tant agacée dans ma propre jeunesse par ses connotations nostalgico-moralisatrices —, les jeunes, excédés par les contraintes que faisaient peser sur eux des parents directifs et dominateurs, claquaient un jour la porte pour s'en aller vivre à leur guise. Les plus pacifiques se mariaient, méthode douce pour un résultat identique. Jusqu'au jour de la séparation, les parents gardaient un pouvoir absolu entre les quatre murs de leur foyer : « *Si tu n'es pas content/contente, fous le camp !* » tonnait le père sous les yeux éplorés de la mère silencieuse. La menace suffisait généralement à calmer le/la rebelle, car elle impliquait un départ sans subsides et sans retour [1].

En tout cas, les choses étaient claires : on assumait son indépendance à la sueur de son front. Ça n'empêchait pas les petits cadeaux, les dots, les coups de pouce et l'héritage, mais les bons comptes faisant les bonnes familles, celui qui tenait les cordons de la bourse imposait aussi son style de vie, ses principes, ses horaires pour se mettre à table.

Changement radical aujourd'hui : au lieu de s'expatrier quand ils se sentent des velléités d'émancipation, les jeunes ont adopté la méthode « corse » : conservation des avantages et du confort acquis, mais revendication d'autonomie complète, au besoin par le terrorisme.

1. Sauf le retour style « enfant prodigue », tout marri et repentant, ou style « oncle d'Amérique », une fois fortune faite et réussite assurée.

Leurs bombes s'appellent drogue, délinquance et suicide. L'enfant « naturel » a été en partie soustrait de leur arsenal terroriste par la légalisation de l'I.V.G., mais la majorité des parents n'en redoutent pas moins, à juste titre, cette pratique pour leurs filles, et préfèrent l'usage de la contraception. Le chantage à l'avortement conserve donc encore une efficacité certaine.

Tous ne se servent pas de ces armes dangereuses, mais quelques exemples largement publicisés permettent de faire chanter la grande masse des parents prêts à tout pour ne pas se sentir coupables de non-assistance à enfants en danger.

Le plus intolérable des chantages

Côté fille, l'arme « suicide » est la plus souvent employée. Un tube de somnifères, un transport à l'hôpital en pleine nuit, un lavage d'estomac, deux heures d'angoisse au long desquelles on essaie de comprendre, on s'accable de reproches, on s'accuse de tout, on lui pardonne tout. Une crise de larmes au réveil, et voilà les parents affolés disposés à n'importe quoi pour ne plus revivre ces instants intolérables.

Le moyen de ne pas céder à ce chantage-là ? Rien n'est pire à envisager que la disparition d'un enfant, si ce n'est le suicide de cet enfant. A l'horreur de la mort s'ajoute le cauchemar de la culpabilité. Dans quelle mesure ne serait-on pas responsable de ce geste désespéré en n'ayant pas entendu — ou pas écouté — un appel au secours ?

Heureusement, les jeunes filles se ratent presque toujours. Leur instinct de conservation leur fait enregistrer très jeunes, dès la cour du collège, qu'en matière d'empoisonnement par les barbituriques, il est toujours préférable de placer le tube en évidence sur la table de nuit pour permettre à l'interne de garde de faire le nécessaire dès l'arrivée au service des urgences. Autre précaution traditionnelle : laisser un petit mot dans l'entrée, indiquant son intention de se suicider et le lieu exact où l'on se trouve ; sinon, téléphoner à une copine pour la prévenir afin d'être secourue dans les meilleurs délais.

Dix fois, des parents de filles m'ont raconté le même scénario ; dix fois, par bonheur, la tragédie s'est bien terminée, mais comme je comprends père et mère de passer ensuite tous ses caprices à la demoiselle, même s'ils sont convaincus qu'elle n'avait vraiment aucune envie de mourir. La hantise d'une seconde tentative excuse toutes leurs lâchetés.

Se rendent-elles seulement compte, celles qui jouent ainsi avec leurs jours, de ce qu'elles nous font vivre à nous, parents ? C'est beau, l'inconscience de la jeunesse, mais ne devrait-elle pas quand même avoir quelques limites ? S'il vous plaît, Mesdemoiselles, ne brandissez pas l'arme du pseudo-suicide s'il s'agit simplement de mesurer l'effet que peut avoir sur vos parents un tel geste — un examen de conscience approfondi vous permettra en général de vous apercevoir que votre instinct très féminin de la vie ne vous incite pas à mourir dans la fleur de l'âge, et qu'il vous reste bien mieux à faire, par exemple un enfant. Dans ce cas, épargnez-nous. D'un simple point de vue humanitaire, vous ne supporteriez pas de noyer ses chatons sous les yeux d'une chatte, comment pouvez-vous alors faire subir à vos parents un pareil supplice ?

Côté garçons, le suicide est généralement beaucoup plus dangereux. Les jeunes mâles veulent vraiment en finir avec la vie quand ils jouent avec la mort. Ils utilisent des armes plus efficaces, comme le revolver ou la corde, et se ratent moins souvent. Aussi se servent-ils rarement du suicide comme d'une menace pour faire céder les parents. Leur arsenal terroriste est différent et non moins efficace : la violence, la fugue, la délinquance, la drogue aussi. La drogue surtout.

Joints d'aujourd'hui : cuites d'hier

La drogue est comme un suicide à petit feu, une façon lente et pernicieuse de détruire sa vie. Les réactions des parents sont donc identiques à celles susdécrites : même terreur, même culpabilité.

Nous l'a-t-on assez répété que les jeunes drogués sont des victimes de leur milieu familial, des mal-aimés, des déracinés de la tendresse ! C'est sûrement vrai dans nombre de cas, mais pas toujours.

Quels parents peuvent aujourd'hui se sentir à l'abri de ce fléau ? Jusque dans les plus petites villes de province, dans les régions les plus conservatrices, les *joints* circulent dans les cours de récréation des lycées et collèges. Très souvent, ce n'est pas le manque d'amour des parents, mais le conformisme inter-jeunes qui fait *tourner* de *l'herbe* pour voir si l'on *plane*. Les cuites de notre génération ne donnaient nullement mauvaise conscience à nos parents, pourquoi serions-nous forcément responsables des *joints* de nos enfants ?

Nous ne sommes pas toujours coupables.

J'écris cela en gras pour tenter de m'en persuader la première. Cette sorte d'autodisculpation, j'en aurais le plus grand besoin pour réconforter mon pauvre ego maternel, tellement taraudé par la mauvaise conscience.

Comme j'envie les parents gonflés d'orgueil qui plastronnent parce que leur fille épouse un jeune homme bien sous tous rapports ou que leur fils vient d'être reçu à tel concours des Grandes Ecoles — *« comme son grand-père et son père, dans notre famille tous les aînés sont X/ Ponts »* ! Je les regarde s'enfler par enfant interposé avec concupiscence : ce doit être fabuleusement confortable de croire qu'il y a une justice éducative.

A bons parents, bons enfants. A mauvais parents, mauvais enfants. Il existe encore des parents pour vivre selon ce schéma rassurant. Quand j'en rencontre, je les jalouse, à la manière dont on envie :

— les couples qui fêtent leurs noces d'argent ou d'or en se donnant encore tendrement la main,

— les salariés qui s'entendent merveilleusement avec leur patron et qui se sentent reconnus à leur juste valeur dans leur univers professionnel,

— les vacanciers qui bronzent sans coups de soleil,

— les gourmands qui mangent du cassoulet et de la mousse au chocolat sans prendre un seul gramme,

— les femmes qui admettent avec sérénité qu'on ne peut être et avoir été,

— les hommes fidèles par amour et non par crainte de s'attirer des histoires.

J'envie ces parents glorieux, mais je me refuse à partager leur foi simpliste en une justice éducative. Sinon, comment expliquer qu'il y ait tant de braves gens à engendrer des voyous, tant de sombres brutes à susciter dans leur progéniture des vocations de « médecins sans frontières » ?

Ce rapport éducation/qualité était le catéchisme des générations qui nous ont précédés. Comme il y a toujours, malgré tout, un certain pourcentage d'adultes réussis, leurs parents pouvaient vieillir l'âme en paix, justifiés à leurs yeux et à ceux de la société par le spectacle de leur progéniture accomplie.

A notre génération, la bonne conscience éducative a été rayée de la liste des possibles. Merci Sigmund ! La responsabilité des parents — et tout particulièrement celle des mères — n'a plus joué que dans un sens : le pire.

Si tout va mal, c'est forcément la faute des parents. Si, par hasard, l'enfance ne fabrique pas un raté congénital ou une tordue profonde, seul l'enfant en est crédité : forte personnalité qui a su se libérer de ses complexes et s'assumer en tant que personne malgré une enfance difficile.

Toutes les enfances sont difficiles : tel est le fondement même de la théorie psychanalytique. Si elle s'est déroulée dans une atmosphère sereine et affectueuse, la difficulté consiste à s'en extraire pour affirmer sa personnalité asphyxiée par l'excès de tendresse. Si, au contraire, l'enfant a été témoin ou acteur de dissensions familiales, il devra surmonter ces conflits pour assumer son affectivité refoulée et gravement traumatisée.

Je voudrais tellement ne pas être accusée en permanence de tout ce qui t'arrive, à toi comme à ceux de ta génération, mais je ne puis compter ni sur l'opinion publique, ni sur les psy pour me donner quitus de ton éducation.

Sais-tu ce que c'est qu'un quitus, toi qui n'as pas été forcé comme moi de faire plusieurs années de latin et qui n'assume pour l'heure aucune responsabilité financière ? La définition du *Robert* est la suivante : *acte par lequel le responsable de la gestion d'une affaire est reconnu s'en être acquitté de manière à être déchargé de toute responsabilité.*

Vois-tu, à l'âge que tu as, la seule personne qui puisse vraiment me décharger de toi, c'est toi. Si tu acceptais de le faire, nous pourrions ensuite reconstruire une relation différente où tu n'aurais plus besoin de me faire peur pour que j'aie envie de te faire plaisir. Une relation qui ressemblerait plus à une démocratie qu'à une guérilla.

C'est donc à ton intention que je vais faire mon rapport de fin d'exercice, tenter d'expliquer quelle a été ma politique, les circonstances extérieures qui ont facilité ou compliqué mon action, et m'efforcer de dégager une certaine philosophie de toutes ces années que j'ai consacrées à mon entreprise maternelle.

III

D'abord je t'aime...

Soyons clair : si tout cela me préoccupe si fort, c'est parce que je t'aime. Autrement, je pourrais beaucoup plus aisément tirer un trait sur nos discordances.

Les jours d'affrontement ou de *tronche,* de scandales ou de déceptions, les soirs où tu m'as fait pleurer de tristesse, les nuits d'insomnie où je m'inquiétais à cause de toi, je me suis sincèrement posé la question : étais-je sûre de t'aimer encore ?

Parfaitement, même si cela peut paraître choquant, il m'est arrivé de m'interroger sur mes propres sentiments envers mes enfants.

Ce fameux amour maternel, fort comme l'instinct lorsque les chiots ne savent ni boire ni marcher, pourrait-il s'estomper ou même disparaître quand le veau devient bouvillon ? Pourrait-il même se muer en agressivité, en rivalité, en oubli, en rejet au moment où la frustration et la déception deviennent vraiment trop grandes ?

Chez les mammifères, c'est évident : l'attachement maternel est directement lié à la survie du petit qui vient de naître. Quand les jeunes peuvent subvenir à leurs besoins, les mères ne s'embarrassent pas de liens devenus inutiles. La nature faisant bien les choses, les femelles oublient les rejetons d'une saison pour consacrer toute leur énergie, toute leur attention à l'élevage de la portée suivante.

Quand on donne un petit d'une chatte ou d'une chienne à des amis, mère et enfant ne se voient plus. Ils ne semblent absolument plus se reconnaître si on les réunit quelques mois ou quelques années plus tard. Ils se comportent comme des animaux de même race, pas du tout comme les membres d'une même famille. La démonstration est encore plus frappante chez les pères, qui ne savent même pas distinguer les fruits de leurs amours (sauf les pères-oiseaux, plus responsables que les mammifères, peut-être parce que la couvaison les implique davantage que la gestation).

Il n'est donc pas *contre-nature* de ne plus éprouver de sentiments envers ses jeunes, tout au moins en ce qui concerne les femelles animales. Ces étranges liens affectifs, indépendants de l'instinct sexuel, de l'instinct de reproduction et de l'instinct de conservation, que les humains appellent amour, ne découlent pas automatiquement de la fonction maternelle. Il ne suffit pas de porter des petits pour les supporter toute leur vie. Une subtile alchimie doit s'opérer, qui rende définitivement sensible à tout ce qui les concerne. Cela s'appelle des sentiments, et n'a plus grand-chose à voir avec cette espèce d'amarrage viscéral de la femelle au nouveau-né.

A leur tour, ces sentiments ne pourraient-ils s'estomper, voire même disparaître quand le petit devient jeune ou quand le jeune devient adulte ?

Ma génération a admis que l'amour est une denrée périssable et que les lois de la société ne peuvent nous contraindre à vivre jusqu'à la mort avec quelqu'un que l'on n'aime plus. Elle a intégré le divorce par consentement mutuel dans le droit, après l'avoir inventé et toléré dans les mœurs. Si l'on peut cesser d'éprouver des sentiments envers un partenaire un temps adoré, envers le père de ses enfants, envers des amis un moment très proches, envers ses propres frères et sœurs quand les divergences deviennent plus nombreuses que les points de rencontre, ne peut-on également cesser d'aimer ses enfants ?

Franchement, je ne le crois pas.

Avant de lever les bras au ciel et de me citer mille exemples de mères sans cœur — ou, plus exactement, de mères sans joies —, laissez-moi m'expliquer.

Les mères aux yeux froids

Certaines femmes, à l'évidence, n'éprouvent ni tendresse ni sens des responsabilités à l'égard de leurs enfants, elles assument leur rôle maternel par contrainte sociale plus que par aspiration personnelle. Si l'occasion leur est donnée de pouvoir se débarrasser de leurs rejetons en les confiant à une nourrice ou à une grand-mère, en les mettant en pension, en les envoyant faire leurs études au loin, en les laissant à la garde de leur père au moment d'un divorce, elles en profitent. On dit d'elles, dans le langage populaire, qu'elles sont plus femmes que mères, à moins qu'on ne les traite carrément de mauvaises mères.

De mon point de vue, ces mères-là seraient plutôt à plaindre qu'à condamner. Ce n'est déjà pas facile de supporter ses gosses petits ou grands, quand ils vous font *craquer,* mais la vie de mère de famille doit devenir proprement infernale quand aucun battement de cœur ne vient compenser les coups de pompe ou les bouffées de colère. Bien des dépressions dites « de ménagères » me paraissent plus liées à la condition maternelle qu'à la condition féminine Les enfants insupportables ne seraient-ils pas d'abord des enfants qu'on n'aime pas ?

Comment expliquer autrement que les cris et caprices des enfants des autres vous semblent à ce point irritants ? Et réciproquement ! On se demande toujours, quand une grincheuse ou un tyran de cinq ou six ans empoisonne la vie de ses parents : « *comment font-ils pour vivre avec un/une gosse pareille* » *?* Ils l'aiment, tout bêtement. S'ils ne l'aimaient pas, ils ne pourraient effectivement tolérer les scènes et les exigences du mini-individu en question.

Pour avoir regardé vivre des mères aux yeux froids, il me semble qu'elles présentent des symptômes de non-amour plutôt que de désamour. La plupart ne cessent pas un beau jour d'aimer leur enfant, elles ne l'ont probablement jamais aimé.

En dépit de la solide mythologie maternelle qui nous a été inculquée, on peut ne pas aimer un enfant. Parce qu'on ne l'a pas désiré, parce qu'on voulait une fille et qu'il naît un garçon (l'inverse étant encore plus fréquent), parce qu'il ressemble à son père que l'on n'aime pas ou plus, parce qu'il vous empêche d'être libre ou d'accomplir une carrière, parce qu'on le trouve trop laid ou trop bête... Arrêtons-nous là : la liste serait longue de toutes les occasions de se sentir Folcoche plutôt que Laetitia !

Simplement, je crois que quand on n'aime pas un enfant, on s'en aperçoit très vite — et lui aussi —, même si l'on préférerait se faire couper la langue plutôt que d'avouer pareille perversion. Il n'y a que sur le divan des psychanalystes, paraît-il, que l'on ose parfois se délivrer de ces aveux les plus durs. Les catastrophes psychologiques qui en découlent sont désormais connues de tous. Elles servent d'excuses à toutes nos névroses, de prétextes à toutes nos révoltes.

Hélas, il n'y a pas grand-chose à faire pour éviter cette situation dévastatrice : l'amour ne se commande pas. Ni envers un grand ni envers un petit être humain.

Le DEVOIR des femmes

Pour remédier à cette absence de tendresse qui pouvait mener à l'abandon et jusqu'à l'infanticide, les sociétés judéo-chrétiennes ont inventé la notion de DEVOIR.

Le DEVOIR : ma grand-mère n'avait que ce mot à la bouche. Tout ce qui était difficile, ennuyeux, désagréable, fatigant, frustrant, répétitif dans la vie des femmes, était leur DEVOIR. Grâce à quoi on pouvait espérer rendre fidèles des femmes volages, économes des femmes frivoles, sociables des femmes sauvageonnes, et surtout transformer en mères convenables des êtres qui, dans leur for intérieur, ne supportaient littéralement pas leurs mouflets

Les femmes de devoir avaient par chance l'autorisation de se montrer sévères et de recourir aux châtiments corporels pour servir de soupape à leur exaspération. Que celles qui n'ont jamais puni, giflé ou fessé un enfant en se persuadant que c'était pour son bien, osent affirmer le contraire.

Autre avantage de la notion de DEVOIR donner bonne conscience aux éducatrices-catastrophes. Du moment qu elles accomplissaient leur DEVOIR en assurant la santé physique et la formation intellectuelle et morale de leurs enfants, elles pouvaient allégrement les contrarier, étouffer leur créativité, leur imposer des rythmes de vie et des pratiques religieuses qu'ils détestaient, réprimer leur sexualité, négliger leurs besoins élémentaires de tendresse, ignorer leur moi profond.

C'était vraiment le bon temps des mauvais parents, même si les gosses n'étaient pas tous les jours à la noce !

Côté bonnes mères aussi, les choses se révélaient plus aisées. Grâce à la Sainte Vierge, dont l'image de marque était au plus haut dans les pays catholiques, les mères aimantes portaient une auréole. On leur pardonnait leurs débordements affectifs, on admirait leur générosité, on valorisait leur « sacrifice ». Même si elles adoraient sincèrement leurs mômes et éprouvaient un réel plaisir à vivre leur maternitude, on les décrivait comme de véritables saintes, modèles de vertu et de dévouement. On ne les traitait pas de paresseuses si elles ne gagnaient pas leur vie, passaient trois mois de vacances l'été à la campagne, se retrouvaient à la charge de leurs enfants dès avant l'âge de la retraite, faute d'avoir cotisé elles-mêmes à la Sécurité sociale et à la Caisse complémentaire...

Etre bonne mère : du sacré bon temps avec bonne conscience !

L'expression de « bonnes mères », au demeurant, ne correspond pas tout à fait à la réalité. Elle introduit une connotation morale, comme si c'était bien ou mal d'aimer ses enfants, comme si l'amour pouvait s'inscrire dans un code de valeurs. Or, aimer ses enfants, c'est plutôt une aubaine, comme d'avoir un physique agréable ou une tête qui fonctionne au quart de tour. De même qu'on peut mettre en valeur sa beauté, entretenir sa forme, enrichir sa culture ou épanouir ses dons artistiques, on peut améliorer ses relations parentales. Sous réserve qu'au départ, la grâce vous soit donnée : à condition d'être capable un beau jour de s'émerveiller devant une larve ou de fondre au premier sourire d'un morveux.

On ne tombe pas amoureuse parce qu'on le souhaite, on n'aime pas un enfant du simple fait qu'on le met au monde ou qu'on l'adopte. Il y faut un délicieux cocktail d'attente et de tendresse, de soif et de force de vivre. Mais une fois que le cœur a vibré pour un enfant, contrairement à ce qui se passe assez souvent entre deux adultes de sexe opposé, il est rare qu'un amour maternel s'éteigne avec le temps.

Il se transforme. Heureusement, d'ailleurs, car si je voulais te prendre aujourd'hui dans mes bras quand tu as du chagrin de t'être fait coller à un examen, de t'être fait voler ton portefeuille ou de t'être foulé la cheville en jouant au tennis, nous aurions vraiment l'air fin, toi et moi !

L'amour maternel se transforme, mais il ne se perd pas.

Comment expliquer autrement qu'informées ou non, en silence ou à mi-mots, nous suivions et ressentions avec une telle acuité les péripéties de vos vies ? Que vous tombiez amoureux et nous voilà suspendues comme vous à la sonnerie du téléphone, espérant que l'élu/ue ne vous décevra pas un samedi soir où vous l'espérez. Que vous soyez souffrants, et nous nous inquiétons à l'excès, imaginant les pires maladies, même quand il s'agit d'un rhume de cerveau ou d'une simple gueule de bois. Que vous ayez l'air tristes, et nous voilà déprimées. Que vous paraissiez contents, et nous voilà heureuses.

Si ce n'est pas de l'amour, ÇA, alors qu'est-ce que c'est ?

Trois changements fontamentaux

On peut même se demander si les mères contemporaines n'aiment pas encore mieux leurs enfants que celles des générations précédentes. Je vois d'ici sursauter les grand-mères en m'entendant énoncer — moi la moderne, la libérée sexuelle, la femme au travail, la divorcée — que j'aime mes enfants plus qu'elles.

Je n'ai pas dit **plus,** j'ai dit **mieux.**

Les mutations de la seconde moitié du XXe siècle n'ont pas eu que des inconvénients pour la vie familiale. Trois changements fondamentaux sont intervenus dans la condition maternelle — et paternelle — qui ont renforcé nos raisons de vous aimer :

> 1) *La contraception et la légalisation de l'avortement.* Ces deux atouts révolutionnaires de notre liberté physiologique nous ont permis de faire presque exclusivement les enfants que nous souhaitions. Le désir et l'amour faisant toujours bon

ménage, plus nous vous avons désirés, plus nous vous avons d'évidence aimés le jour où vous êtes nés. Bien sûr, tous les « trop-tôt-faits » et les « petits derniers non commandés » de jadis n'étaient pas des mal-aimés ; il n'en existe pas moins, envers l'enfant aujourd'hui « sur commande », un surinvestissement affectif manifeste.

2) *La baisse de la démographie et la réduction de la taille des familles.* La norme d'un ou deux enfants par foyer désespère démographes et économistes, mais elle augmente la valeur de chacun d'entre vous. Tout ce qui est rare est cher, et les enfants se font de plus en plus rares.

3) *L'élévation générale du niveau de vie.* Nous n'avons jamais eu besoin de nous priver de pain pour pouvoir vous nourrir, ni même de nous priver de vacances pour assurer votre bien-être. La société de consommation dont nous avons profité largement pendant votre petite enfance nous a permis de vous élever sans consentir de trop lourds sacrifices. Nous avons partagé les fruits de l'expansion avec vous, et il est plus facile

d'être tendres et généreux quand les besoins essentiels sont assurés.

En fait, non seulement vous ne nous avez pas empêché de vivre, mais nous vous avons toujours considérés comme faisant partie intégrante de notre bonheur de vivre. Les familles sont moins nombreuses que jadis, mais les couples sans enfants aussi. Jamais autant de femmes ne se sont fait soigner pour connaître la joie d'être mères. Insémination artificielle, « locations » d'utérus, adoptions d'enfants en provenance du Tiers Monde, tous les moyens sont bons pour ne pas rester « stériles » à perpétuité.

Au centre des conversations d'adultes

Faut-il vous l'avouer, au risque de vous inciter encore à abuser de la situation : pour nous, vous êtes irremplaçables. La place que vous tenez dans nos vies et dans nos conversations d'adultes est proprement extravagante. Et son importance ne cesse d'augmenter avec les années.

Petits, on se contente de demander de vos nouvelles, les réponses sont brèves. Comment passionner un auditoire avec le récit d'un biberon bien bu ou l'aventure d'une première journée à la maternelle ? Ces faits d'armes n'intéressent que les grand-mères et les pédiatres, elles rasent les collègues de bureau et les réunions de famille. Sans parler des hommes que ces histoires assomment.

Plus le temps passe, plus vos succès et surtout vos échecs trouvent une oreille attentive chez les autres parents. Ils fantasment, envieux, quand vous faites merveille. Ils s'identifient, terrifiés, quand vous faites naufrage.

Un père gonflé d'orgueil annonce devant un auditoire inconnu que sa fille vient d'être admise à vingt ans en deuxième année de médecine. Une mère jusque-là effacée obtient un silence respectueux en expliquant que son fils renonce à partir en vacances pour préparer un examen d'entrée dans une école d'informatique.

A l'inverse, tout le monde se met à parler en même temps quand on sollicite des conseils sur tel ou tel établissement privé où récupérer fermement un élève *jeté* du lycée. Si tout le monde participe, c'est que chacun a déjà eu l'occasion de rechercher un établissement de ce genre. Si l'on n'y prend garde, la conversation pourra s'éterniser toute la soirée sur ce sujet bien prosaïque, au risque de ne pas même dériver sur les questions de l'école libre et de la réforme des universités. A se demander parfois si, parmi les quadra et les quinqua, on ne parle pas plus de vous que des éternels thèmes de bisbille entre Gauche et Droite. Dieu sait pourtant !

Quelquefois, avec mes *copines* — moi aussi j'ai des copines, des vraies, qui ressemblent aux copains/copines que l'on a à votre âge, celles et ceux avec qui l'on se dit presque tout, qui partagent vos fous rires et vous dépannent sans demander d'explications —, avec elles, mères d'adolescents/tes ou de postadolescents/tes, comme moi, nous gémissons de conserve, soulageons entre nous nos rancœurs quand nous n'osons le faire devant vous. Nous nous réconfortons l'une l'autre en cherchant à savoir si nous détenons réellement le pire spécimen à domicile ou bien si nous pouvons encore nous estimer heureuses : il y aurait infiniment plus mal loties que nous.

Dans ces longues séances de sorcellerie verbale, nous nous racontons les pires histoires qui soient, pour nous faire peur. Nous parvenons ainsi à nous consoler de nos propres déboires à l'évocation du malheur d'autres parents. Procédé classique de la presse populaire à sensation.

Voici l'histoire de la pauvre Princesse couverte de diamants qui a fait sa cinquième fausse-couche dans son Palais. Elle pleure dans ses draps de satin car le Prince, son Seigneur et Maître qu'elle adore, veut un héritier. La pauvre Princesse sera-t-elle répudiée ? En lisant la complainte de la princesse stérile, la malheureuse employée qui croule sous les tâches domestiques à son retour du bureau, avec ses deux enfants qu'il faut laver, nourrir, consoler et gronder, se sent toute ragaillardie : elle en oublie quelques minutes les piles de linge à repasser, les traites de la voiture, en remerciant le Ciel de l'avoir faite féconde !

Nous nous comportons de même avec la drogue. Nous pouvons toujours citer des amis d'amis ou quelque belle-sœur d'un de nos directeurs qui a découvert une seringue dans la chambre de son adolescent. L'espace d'une seconde, voilà qui nous rassure sur l'odeur d'herbe que nous avons détectée dans l'appartement, la dernière fois que nous vous avons laissés seuls pour un week-end. Tant que vos *défonces* se résolvent en fumée, nous n'avons pas lieu de paniquer. Nous inquiéter suffit.

Ce n'est pas parce que vos aînés, il y a quelques années, ont déjà fait le coup de la Marie-Jeanne sans être pour autant devenus héroïnomanes, que nous n'avons pas peur, à chaque fois, de vous voir basculer du côté dur de la toxicomanie. « *J'ai rêvé que ma fille se faisait une piqûre de drogue sous mes yeux,* m'a raconté une amie encore bouleversée par ce cauchemar. *Elle me regardait droit dans les yeux en enfonçant l'aiguille dans son bras. J'essayais de tendre la main pour l'en empêcher, mais mon bras ne m'obéissait pas. Je voulais crier, aucun son ne sortait de ma bouche. L'horreur! Je me suis réveillée en nage. Je crois que je n'avais jamais eu aussi peur de ma vie en rêve.* »

L'amour maternel n'a pas de lois

Oui, nous tremblons chaque fois. Pour chacun. Parce que notre relation avec chaque enfant est unique. Aussi étonnant que cela puisse paraître, le fait que tout se passe bien avec l'un ne compense en rien les difficultés rencontrées avec l'autre. Chaque enfant occupe une place exclusive dans nos préoccupations et dans notre cœur, qu'il soit source de satisfactions ou cause de soucis.

Certains enfants sécrètent du bonheur, d'autres pas, mais cela n'a aucun rapport évident avec l'amour que nous leur portons. Cela n'en a qu'avec les joies qu'ils nous dispensent.

On est souvent étonné, dans les familles, de la place que tient dans les préoccupations ou les conversations des parents l'enfant le plus ingrat, le moins affectueux. Plus il en fait voir aux parents, plus ce mouton noir accapare leur esprit, leur mobilise le cœur. Les autres enfants, plus attentionnés, plus sérieux dans leurs études et leurs façons d'être, se rebellent contre cette « injustice ». Ils oublient que l'amour « n'a jamais connu de lois ».

L'amour maternel pas plus que l'Autre.

On peut même se demander si l'attachement à un enfant ne tire pas sa force de son unicité. Aucune autre relation humaine ne peut le compenser. Il arrive qu'on se console d'une mauvaise relation conjugale avec un autre partenaire : pour quelques jours, pour quelques mois, parfois pour beaucoup plus longtemps. On ne se console pas d'un amour maternel malheureux avec un autre enfant ou un enfant de plus.

Je me souviens d'une mère de sept enfants. Elle avait une famille superbe, des enfants gais, chaleureux, doués, sympathiques. Elle avait perdu une fille, la troisième, âgée de douze ans. Dix ans plus tard, elle me confiait : « *Je ne me suis jamais consolée. Chaque jour je pense à elle, chaque jour je la regrette. Le vide qu'elle a laissé dans mon cœur n'a jamais été comblé. Mes autres enfants sont merveilleux, je les aime profondément, mais elle me manque, ma petite fille unique qui ne ressemblait à aucun des autres.* »

Aucun ami, aucun amant ne prendra jamais la place d'un enfant dans la vie d'une mère. Combien de femmes divorcées renoncent à refaire leur vie si elles sentent que leur enfant refuse vraiment le nouveau candidat au bonheur Souvent elles ont tort, l'enfant se trouverait sans doute fort bien, par la suite, dans un foyer reconstitué, rééquilibré, mais elles préfè rent n'en pas prendre le risque. Consciemment ou inconsciemment, elles sont persuadées qu'on peut se consoler de perdre un homme, mais qu'on ne se pardonne jamais d'avoir « sacrifié » son enfant.

Les jeunes mesurent très lucidement cette valeur inestimable qu'ils revêtent aux yeux de leurs parents. Dans la litanie de leurs revendications, le manque d'amour arrive en dernière position. D'année en année, on les interroge pour savoir ce qu'ils pensent de nous, ce qu'ils auraient éventuellement à nous reprocher, et leurs réponses sont toujours étonnamment positives.

En 1982, c'est dans *La Vie,* magazine d'inspiration catholique, que les 13-17 ans affirment s'entendre bien avec leurs parents : 96 % avec leur mère, 83 % avec leur père. « Les adolescents et leurs parents, *ça baigne !* » titre l'hebdomadaire.

Entre décembre 1983 et janvier 1984, *L'Humanité Dimanche* charge l'IFOP d'interroger les 15-24 ans. D'après la rédaction des questions, on sent que l'organe communiste aurait souhaité détecter un malaise, pour ne pas dire un mécontentement. C'est l'inverse qui ressort des réponses sur la famille : 80 % des jeunes considèrent que la famille « *n'est pas quelque chose de dépassé* », 81 % qu' « *on peut compter sur elle quand on a des problèmes* », 75 % que « *c'est le lieu où l'on se sent le mieux* ». Pas très révolu tionnaires, les petits !

En mai 1984, *TELE/7 Jours* confie à IPSOS le soin de sonder les 10-15 ans. 79 % d'entre eux estiment que leurs parents s'entendent bien — ce qui implique que l'atmosphère familiale leur convient et qu'ils voient plutôt Papa/Maman en rose. Quand on leur demande comment ils s'enrichissent le mieux et où ils apprennent le plus de choses, ils placent les parents en quatrième position derrière l'école, les copains et la lecture, mais devant la télévision et la rue.

Alors, *tout baigne ?*

Du côté des jeunes, il semblerait que OUI. Dans leur immense majorité, ils n'ont vraiment pas à se plaindre de nous. Ils arrivent à nous « dresser » convenablement, à nous faire admettre sans trop de difficultés leurs façons d'être et leurs mœurs spécifiques. De temps en temps, ils sont obligés de menacer ou de crier pour obtenir ce dont ils ont envie, mais ils ont l'habitude de recourir à cette méthode depuis leur petite enfance, et elle se révèle encore très efficace. En somme, ils nous trouvent point trop difficiles à vivre, et même relativement braves.

L'image largement publicisée de jeunes voyous révoltés, livrés à eux-mêmes et aux démons de la rue par des mères absentes et des pères démissionnaires, est un échantillon certes valable, mais guère représentatif.

Du côté des parents, en revanche, *c'est pas le pied.*

Le cahier de doléances est épais. Petits accrochages sur les détails matériels, grands conflits sur les choix existentiels, nous ne sommes pas d'accord. Nous ne sommes pas contents

IV

Les petits détails font les grandes colères

Petit tu criais, tu exigeais, tempêtais, grognassais, tu étais toujours mouillé et sale quand je venais juste de te changer, tu nous réveillais au beau milieu de la nuit et nous empêchais de faire la grasse matinée, tu m'obligeais à prévoir quatorze repas par semaine, tu cassais notre intimité — bref, tu nous *pompais* vraiment notre air de jeunes adultes.

Pourtant, nous supportions ce harcèlement avec une relative décontraction. En tant que père et mère, nous pardonnions : les enfants ne savent pas vraiment ce qu'ils font.

N'était-ce pas à nous de vous éduquer pour vous conduire peu à peu à pratiquer les règles élémentaires de la vie en société ? Nous étions conscients qu'il faut bien de la patience pour venir à bout de cette tâche surhumaine : transformer en être civilisé et organisé le petit animal sympathique mais anarchique que nous avions eu la curieuse idée de mettre au monde.

Le problème, c'est qu'après des années d'efforts pour vous inculquer les gestes qui assurent le confort des uns sans perturber le bien-être des autres, vous n'en continuez pas moins à piétiner comme des vandales les plates-bandes de notre vie quotidienne. Dans ce domaine précis, les simples gestes de la vie, il semblerait même que vous régressiez d'année en année.

Entre votre naissance et vos 10-12 ans, sauf sujets particulièrement rebelles, nous avions en général enregistré des progrès. Petit à petit, à force de seriner les mêmes « *Qu'est-ce qu'on dit ? Merci qui ?* », « *Dis Bonjour quand tu entres, dis Bonsoir quand tu sors* », « *Rince ta brosse à dents quand tu as fini de t'en servir* », « *Range tes cahiers et tes livres si tu veux les trouver le lendemain matin au moment de partir pour l'école* », « *Ne mets pas tes chaussures pleines de boue sur le canapé du living* », il s'est produit un mieux incontestable.

Tout n'était pas qu'ordre et beauté, tant s'en faut. Néanmoins, quand vous alliez passer l'après-midi ou quelques jours de vacances chez des oncles et tantes ou dans quelque maison amie, il arrivait qu'on nous fasse compliment sur vous. « *Il/elle a été charmant/te, comme elle/il est bien élevée/é !* » Ces réflexions nous étonnaient toujours, nous qui n'avions pas l'impression de cohabiter avec une petite fille modèle ou un bon petit diable. Mais cela nous faisait plaisir : nous n'avions pas prêché dans le désert

Chez les autres, au moins. vous saviez vous tenir

La situation a commencé à se dégrader au moment de la prépuberté et des vraies études secondaires. Prenant prétexte des heures d'entrée plus matinales et du travail du soir, vous avez laissé filer toutes vos bonnes habitudes D'ordre, aussi bien que de politesse.

Les récits de centaines de parents ont corroboré ma propre expérience. Ce qui s'est passé à la maison n'était pas pire qu'ailleurs.

Partout où vivent des « ado », *c'est la zone!*

Vers 12-14 ans, ta chambre s'est mise à ressembler à l'arrière-boutique d'un brocanteur, puis à une écurie, aujourd'hui c'est carrément une décharge[1]. Je sais : je n'ai qu'à fermer la porte et à ne pas regarder ce qui s'y passe. C'est d'ailleurs ce que j'ai assez vite décidé de faire : entrer le moins possible dans ton antre. J'ai admis que c'était ton territoire et que si tu supportais de vivre dans cette bauge, ce n'était pas à moi de m'en mêler. Au demeurant, la politique de la porte fermée nous convenait à tous deux. Elle ménageait ma peine et protégeait ton capharnaüm.

Je n'opère de grandes descentes rangeatoires

1. Les filles ayant généralement une puberté plus précoce, le désordre dans leurs chambres commence un ou deux ans plus tôt que dans celles de leurs frères.

qu'une ou deux fois l'an, quand tu pars en vacances avec des copains. Il faut bien de temps à autre nettoyer les écuries d'Augias si on ne veut pas que les rats envahissent la maison ! Dans ces moments-là, je ne jette que l'indiscutable : paquets de gâteaux vides, montagnes de mégots au fond d'un de mes cendriers du salon que je cherchais désespérément depuis des mois, pochettes sans disques, journaux périmés, couvertures de BD dépouillées de leurs pages, piles usées, chaussettes dépareillées, balles de tennis râpées, flacons vides, etc.

Même en prenant mille précautions pour ne rien faire disparaître d'essentiel, je finis inévitablement par me faire injurier à ton retour pour avoir mis à la poubelle LE morceau de papier où tu avais noté le numéro de téléphone d'une fille ou d'un garçon désormais injoignable. Je présente mes excuses. Je simule une certaine confusion tout en conservant la ferme intention de recommencer lors de tes prochaines vacances, ne serait-ce qu'à cause de l'odeur de tabac froid qui risque d'imprégner le reste de notre espace vital. Au surplus, je crois que tu ne cries que pour le principe et que tu ne détestes pas trouver ta chambre un peu rangée de temps à autre. Si tu ne criais pas, il te faudrait dire merci et ça, ça *te ferait gerber*.

Nous arriverions donc à trouver un modus

vivendi si tu restais dans ta tanière. Seulement, tu ne vis pas confiné dans ta chambre, tu débordes, tu viens polluer mon environnement, **tu ne respectes pas MON territoire.**

Tu ne comprends pas, et cela t'étonne que je puisse proférer des choses pareilles. Tu as, au contraire, le sentiment de vouloir t'éloigner le plus possible de la maison, d'interférer de moins en moins souvent avec notre petite vie bourgeoise.

Préserver mon cadre de vie

Je vais t'expliquer : ton désordre me gêne. Enormément. Tous les jours. Plusieurs fois par jour

Des exemples ? En voilà. Le matin, je ramasse les capsules, les boîtes ou emballages ou bouteilles vides de ta nuit, au moment où je voudrais trouver la cuisine à peu près en état pour y faire le petit déjeuner. Rien n'est plus désagréable qu'une cuisine en désordre quand on est mal réveillée ! Le soir, les verres sales, les miettes de baguette jonchent la table du living quand je n'ai déjà guère de courage pour préparer le dîner après une journée au bureau. Le dimanche, tu disparais sans laisser d'adresse, mais en ayant vidé le réfrigérateur pendant que nous étions allés nous aérer. En vacances, tu manges n'importe quoi à n'importe quelle heure, sans jamais songer qu'une assiette n'est pas plus longue à déposer dans un lave-vaisselle que sur la paillasse de l'évier. Alors je range, je jette j'éponge, je remets constamment en état ce que tu laisses tout aussi régulièrement en pagaille.

Je ne m'habitue pas à ta négligence. Pourtant, je ne me considère pas comme une maniaco-dépressive de l'ordre. Bien au contraire. Comme toutes les femmes qui travaillent, j'ai toujours expédié les tâches ménagères au moins mal plutôt qu'au mieux. Je n'ai pas le culte de l'aspirateur et du lavabo-miroir. J'essaie simplement que les choses soient suffisamment à leur place et propres pour ne pas choquer mon regard. Je ne fais pas le ménage pour le ménage, mais pour préserver mon cadre de vie, satisfaire mon sens de l'esthétique.

Voilà pourquoi ça m'agace prodigieusement que tu salisses et désorganises ce qui me coûte tant à conserver propre et à peu près en ordre.

Tous les parents en sont là. Désemparés devant votre désinvolture. Nous ne parvenons pas à comprendre ce souverain mépris dont vous faites preuve envers les simples détails matériels de la vie.

Pourquoi ? Mais enfin pourquoi ?

Pourquoi ne pouvez-vous jamais éteindre la

lumière ou fermer une porte quand vous quittez une pièce ?

Pourquoi ne remettez-vous jamais un dictionnaire ou un annuaire à leur place après les avoir consultés ?

Pourquoi faites-vous disparaître régulièrement les crayons, pointes Bic et blocs de papier que nous plaçons à côté du téléphone ou dans la cuisine pour y noter les messages à ne pas oublier, la liste de choses à acheter ?

Pourquoi ne remplacez-vous jamais un rouleau de papier terminé, sans vous soucier du prochain occupant ?

Pourquoi jetez-vous vos blousons ou vos manteaux sur les meubles au lieu de les accrocher au portemanteau ?

Pourquoi laissez-vous vos vêtements à même le sol en vous déshabillant, quitte à vous plaindre quand ils sont froissés et abîmés ?

Pourquoi perdez-vous NOS lunettes de soleil ou NOS gants de ski sans même prendre la peine de nous prévenir, si bien que nous nous apercevons de ce qui NOUS manque au moment où nous en avons l'usage ?

Pourquoi votre carte d'identité et votre passeport disparaissent-ils régulièrement, suivis du livret de famille que l'on vous confie pour les faire refaire ?

Pourquoi laissez-vous le réservoir de la voiture

vide le samedi soir, quand nous la prenons pour sortir et que les stations-service sont fermées ?

Pourquoi oubliez-vous vos collantes les jours d'examen et vos certificats de bachot le jour où vous allez vous inscrire dans une école ou une faculté ?

Pourquoi ne demandez-vous jamais de feuille de maladie quand vous allez faire soigner votre acnée ou réparer les caries que vous avez négligées ?

Pourquoi oubliez-vous la clef de la porte d'entrée quand vous rentrez à deux heures du matin et que nous sommes obligés d'aller vous ouvrir au beau milieu de notre sommeil ? (J'ai spécialement demandé que cet alinéa soit composé en gras, à la mémoire de nos centaines d'heures de sommeil perdues à cause de vous !)

Ce n'est pourtant pas faute d'avoir dit, répété, ressassé, rabâché, réitéré sur tous les tons : **« N'oublie pas, range !... Range, n'oublie pas !... N'oublie pas, range !... Range, n'oublie pas !... »**

Et voilà, on finit toujours par s'énerver et par gueuler à la mille sept cent soixante-douzième fois qu'on demande la même chose à la même personne.

Quand je te fais ce genre de réflexions, tu me regardes avec une sorte d'agacement souverain et méprisant. Comme si j'étais une sale petite ménagère de banlieue uniquement préoccupée par le brillant de son carrelage et le bon alignement de son linge sur les étagères des armoires. Ce mépris me scandalise, car j'ai la conviction de travailler mille fois plus que toi. De m'intéresser au moins autant que toi au monde qui nous entoure. De réfléchir, de remettre en question, de me poser autant de problèmes importants sur le devenir de notre société, et de perdre bien trop de temps en détails matériels.

Bien sûr, ce n'est pas intéressant de ranger et de penser aux objets, mais si on les traite par le mépris, les choses se vengent en se salissant, en se cassant, en se perdant.

Comme nous ne vivons pas encore à l'heure des robots qui, comme dans tes bandes dessinées ou tes feuilletons de science-fiction, seront censés prendre le relais de nos dix doigts, de nos mémoires et peut-être même de nos cerveaux, ce que tu ne fais pas, c'est moi qui dois le faire. Ce que tu ne trouves pas, c'est moi qui dois le chercher. Ce que tu égares, perds ou te fais voler, c'est moi qui dois le remplacer.

Je suis ta mère, pas ta femme de ménage.

Je ne vois vraiment pas pourquoi je me taperais tous les sales petits boulots pendant que tu resterais vautré des heures durant sur ton lit à écouter de la musique. J'en ai assez de ramasser tes affaires éparpillées, assez de repasser des chemises et des chemisiers sous prétexte que je fais ça mieux que personne, assez de charrier des bouteilles de Coca et de les rendre parce qu'elles sont consignées, assez de rater le début du film parce qu'il faut finir de ranger la cuisine. Moi aussi j'adore *glander.*

Discordances temporelles

Et puisque nous en sommes au chapitre des récriminations domestiques, vidons le sac jusqu'au bout et parlons de vos relations avec le temps. Les vingt-quatre heures de vos journées ne correspondent plus — mais alors plus du tout — aux quatorze heures actives et aux dix heures de récupération qui composent nos propres journées. Si bien que cohabitant sous le même toit, nous entrons constamment en conflit. Vous dormez quand nous vivons, vous nous réveillez quand nous dormons, vous mangez quand nous travaillons, vous rentrez quand nous sortons de table, vous avez faim quand nous avons enfin terminé de ranger...

Seul moment où nous nous retrouvons synchrones dans nos besoins et nos désirs : entre six et sept heures du soir, quand nous souhaitons téléphoner et que vous bloquez définitivement la ligne, soit que vous appeliez, soit que les copines/pains fassent queue pour vous parler.

Comme pour ce qui a trait aux détails matériels, vos habitudes temporelles se sont lentement dégradées à partir de votre puberté. Impossible de comprendre comment la chronobiologie d'un être peut à ce point se modifier entre l'enfance et l'adolescence, jusqu'à inverser totalement les habitudes de sommeil et de veille. Ce même enfant qui, pendant dix ans, sautait sur notre lit le dimanche matin parce qu'il avait faim et envie de jouer à l'heure où nous somnolions encore, ne peut plus articuler une parole quand il sort hagard de sa tanière, le dimanche sur le coup de 14 heures. Cette petite fille qu'il fallait porter dans son lit parce que le marchand de sable était déjà passé sur le divan du salon à la fin du journal télévisé de 20 heures, ne peut plus trouver le sommeil avant deux heures du matin. Cette nichée affamée qui se mettait joyeusement à table avec les parents deux fois par jour au moins — trois le samedi et le dimanche — est devenue une bande de pillards de garde-manger dont les fringales anarchiques ne se synchronisent pour ainsi dire plus jamais avec les impératifs de nos propres appétits.

Ces mutations sont sidérantes. Et on ne peut plus agaçantes.

Les pères se montrent souvent plus irrités que

les mères de cette désinvolture avec laquelle se trouvent bafoués leurs emplois du temps. Sans doute ont-ils gravée plus profond dans leur mémoire l'image enfantine de leur propre père, à table à midi et demie et sept heures et demie pile ; l'heure, c'était l'heure.

L'heure, à l'époque, était plus spécifiquement l'affaire des hommes, lesquels devaient se synchroniser avec le monde extérieur. Femmes et enfants se soumettaient aux emplois du temps masculins. Ce n'est que récemment que les horaires domestiques ont donné lieu à discussions et à négociations pour concilier les impératifs des uns et des autres.

« A quelle heure dînerons-nous ce soir ? » Question impensable au début de ce siècle : on dînait tous les jours à la même. Question à sens unique au milieu du siècle : posée par les femmes au foyer, résolue par les hommes. Question ouverte en ce dernier quart de siècle : la réponse peut varier en fonction des obligations et des desiderata des différents membres de la communauté familiale. Mais, pour y répondre, encore faut-il se préoccuper de la poser, et ne pas filer en catastrophe le matin pour réapparaître à neuf heures du soir en s'indignant de ne plus rien trouver de comestible à mettre dans son assiette.

De nouveau, toute réflexion de notre part sur

ces différends temporels vous excède. Pourquoi ne pouvons-nous vous laisser vivre à votre rythme, dormir à vos heures, manger quand bon vous semble, étudier toute la nuit si ça vous chante, rester au lit toute la journée si ça vous plaît ?

Ayant fait honnêtement mon examen de conscience, un jour où tu me reprochais d'être une véritable autocrate de la pendule, j'ai discerné deux motivations profondes à mon énervement, à mes pulsions de redresseuse de temps .

a. *Une raison différée :* ce refus de vous conformer à des habitudes de vie « normales » nous inquiète pour votre avenir. Nous qui travaillons et vivons selon des emplois du temps majoritaires, nous savons que la nuit et le jour ne nous appartiennent pas à titre personnel. Nous ne sommes pas libres de les appréhender ou d'en disposer de façon originale. Pour gagner sa vie en société, s'intégrer dans un système de production quel qu'il soit, il est nécessaire de pouvoir articuler une parole avant midi, indispensable de dormir la nuit plutôt que la matinée entière, impératif de consulter sa montre pour respecter ses engagements, inutile de prendre l'air étonné quand on « découvre » qu'il est une heure de plus que l'on ne croyait, etc. Si bien que nous redoutons le moment où il vous faudra renoncer à vos mœurs de chauves-souris, remettre le jour et la nuit dans le sens majoritaire. Or, plus vous approchez de l'échéance/entrée dans la vie active, plus vous désorganisez vos propres rythmes. Absurde, non ?

b. *Une raison immédiate :* votre anarchie temporelle perturbe gravement nos conditions de vie. Evoluant dans le même espace vital, nous entrons constamment en conflit puisque nous n'avons plus de temps commun dominant. Les plages classiques — heures des repas, heures de sommeil, heures de travail — ne coïncidant plus, il nous faut soit subir vos irruptions à contretemps, soit gueuler pour protéger notre temps de sommeil et préserver nos heures de repas. Ce qui ne favorise pas nos moments de détente, de communication et de repos, et explique notre mauvaise humeur, chronométrique autant que chronique.

Je ronchonne parce que c'est mon temps que tu voles par ta désinvolture. Un temps limité que je voudrais bien préserver pour des activités qui m'intéressent autrement plus que ces petites scènes quotidiennes.

Les jeunes se comportent en machos

Eh oui, mais c'est bien sûr, comme dirait l'Inspecteur ! Cette sorte de revendications, cet agacement, cette frustration, cette nervosité qui me rend quelque peu acariâtre, ce personnage de mégère pas tellement apprivoisée, ces reproches, ces sous-entendus, je les reconnais ! C'est la complainte des femmes à la maison. Exactement celle que nous avons entonnée il y a vingt ou trente ans, quand nous avons levé l'étendard de la révolte face à nos Maîtres et Seigneurs qui rentraient pour se mettre les pieds sous la table sans jamais participer le moins du monde aux tâches domestiques. Quand le temps qui régentait notre vie était le leur et qu'ils s'étonnaient que le repas ne fût pas prêt au moment où eux-mêmes avaient faim.

Faut-il donc reprendre le combat contre les jeunes après avoir remporté la bataille contre leurs pères ?

Les hommes ont bien changé, eux. Vos chers papas ne songeraient plus à se comporter comme vous le faîtes. Ils ont compris depuis longtemps que la Maison n'est plus exclusivement le lieu de travail des femmes. Ils savent que leurs mains sont tout aussi capables que les nôtres de mettre et desservir une table, mijoter un bœuf en daube ou faire les courses dans un supermarché. Ils ont appris que la fatigue se conjugue aussi bien au féminin qu'au masculin. Que le travail à quatre mains allège de moitié la charge ménagère.

Nous leur avons fait la leçon en préférant la pédagogie douce et les méthodes actives aux réprimandes et aux menaces. Les résultats sont là : il n'y a plus de maris manchots là où les femmes n'ont pas envie de se sentir servantes.

C'est vous, les jeunes, qui vous comportez désormais en machos. Vous en présentez tous les stigmates : affirmation de son bon droit, pouvoir de séduction, exigence de services de qualité, égocentrisme exacerbé, brutalité de langage et de réactions, absence d'esprit de coopération, etc, etc.

Il n'y a pas de féminin à « machos » ? Il faudrait l'inventer. Cette façon de se faire servir n'est pas l'apanage des seuls garçons. Egalité des sexes et mixité des comportements oblige, les filles jouent également les Maîtresses et Seigneuries. Quand elles font des études « comme les garçons », elles abusent de la situation « comme les garçons ». Stéphanie l'admet : « *Mes études de pharmacie sont dures, je n'ai vraiment pas le temps de m'occuper de me faire à manger, d'entretenir mon linge, de téléphoner chez la gynéco pour prendre rendez-vous. Maman est brave, elle se charge de tout. Pourquoi voudriez-*

vous que j'aille habiter ailleurs que chez mes parents ? Quand j'aurai fini mes études, je déménagerai peut-être. D'ici là, pas quest'. »

Tous les parents ne sont pas aussi « braves » ou aussi disponibles que la mère de Stéphanie Louis a eu la garde de ses deux enfants au moment de son divorce et joue les papas-poules depuis plus de dix ans, sa profiteuse de fille le scandalise : « *Moi qui comptais sur elle pour m'aider à élever son petit frère ! C'est tout le contraire qui se produit. Mon fils de 14 ans se débrouille à peu près pour se faire sa tambouille, mais, sous prétexte que Mademoiselle fait une maîtrise de Droit, Mademoiselle ne lève pas le petit doigt à la maison. Si bien que c'est moi, le soir, après ma journée de dix heures dans mon cabinet de kinési, qui dois me coller aux fourneaux. Si je ne cuisine pas, elle ne mange pas. Si je ne fais pas les courses, elle se bourre de cochonneries hyper-sucrées, ce qui n'est bon ni pour sa santé ni pour sa ligne. Résultat : je fais les courses et je cuisine en rouspétant. Et après, elle me reproche de ne pas être marrant !* »

Pauvre Louis, il serait bien étonné si je lui disais qu'il fait du féminisme sans le savoir, comme Monsieur Jourdain faisait de la prose ! Il découvre à ses dépens comment les femmes qui travaillent se sont un jour insurgées contre une certaine condition féminine !

Encore les vrais machos avaient-ils, en général, un argument de poids pour se défendre : ils travaillaient souvent dur, gagnaient leur vie, participaient largement aux frais du ménage quand ils n'en assumaient pas la charge financière complète. Leur paie justifiait à leurs yeux — si ce n'était toujours aux nôtres — leurs exigences.

Ce n'est évidemment pas le cas en ce qui vous concerne. Non seulement vous ne gagnez pas d'argent, non seulement nous sommes obligés d'assurer votre matérielle, mais vous avez la détestable habitude de flanquer **notre** argent par **vos** fenêtres !

Ces questions de *blé*, de *fric*, de *pognon* empoisonnent nos relations. On aimerait ne pas avoir à en parler. Pourtant, comment ne pas évoquer votre politique de la main tendue ?

V

« *T'aurais pas 100 balles ?* »

Cette femme m'a bouleversée. C'était au cours d'un déjeuner champêtre de comité d'entreprise. Sa violence ressemblait tellement à celle qui s'emparait parfois de moi ! Si elle l'exprimait plus fort, c'est que sa situation matérielle était infiniment plus serrée que la mienne.

Son fils de 20 ans venait de démolir la voiture de ses parents dans un accident stupide. Un samedi soir, sortant du bal, une bande de copains et lui avaient voulu faire la course sur une petite route. Il roulait trop vite, il ne maîtrisait pas bien son véhicule — il n'avait son permis que depuis quelques mois —, il a raté un virage et s'est payé le fossé. Miracle : pas de blessés graves, juste un poignet foulé et quelques contusions. Mais la *caisse* était démolie, la direction faussée, tout l'avant défoncé. Pour la passer au marbre, remettre la carrosserie en état, il y en avait pour plus de 15 000 francs. Une fortune pour ce couple de préretraités...

Bien entendu, la voiture n'était assurée qu'aux tiers ; comme il n'y avait pas eu collision, pas question d'être remboursé. Il allait falloir écourter les vacances d'été, puiser dans le livret de Caisse d'Epargne pour réparer la catastrophe.

« *Le pire, c'est qu'il n'a même pas osé venir nous l'annoncer. Quand il a vu dans quel état il avait mis la voiture de son père, il a disparu en la laissant au bord de la route. Ce sont les gendarmes qui sont venus nous prévenir qu'on l'avait retrouvée, avec personne dedans. Vous imaginez notre inquiétude, nous avions peur qu'il soit blessé. Le lundi matin, il est rentré, j'étais partie pour aller garder les enfants de ma fille aînée. Il s'est enfermé dans sa chambre et n'a toujours pas pris la peine de me téléphoner. Ce n'est que le soir, en rentrant, que je l'ai trouvé à la maison installé devant la télé comme si de rien n'était. Je l'ai giflé, pas pour le punir, bien sûr, mais pour soulager mes nerfs. J'avais eu tellement peur, j'étais tellement en colère contre lui !* »

La pauvre femme écumait encore. Elle était sincèrement scandalisée. Non seulement son fils lui posait un problème d'argent grave et imprévu, mais il ne s'était même pas excusé, n'avait formulé aucun regret. Tout juste s'il n'avait pas fait un scandale, quand elle lui avait annoncé qu'il attendrait désormais de gagner sa vie et de pouvoir s'offrir lui-même une voiture pour aller faire le mariole avec ses copains.

« *Je l'ai trop gâté, Madame, je l'ai trop gâté.*

Quand il était petit, je ne lui ai jamais rien refusé. Nous n'étions pas bien riches, son père était électricien et nous avions trois enfants, mais on n'a jamais manqué de rien à la maison. Surtout, j'étais prête à me priver de beaucoup de choses pour les enfants. Je n'ai pas eu à me plaindre des aînés, ils ont fait des études convenables et ont de bonnes places aujourd'hui. Mais lui, je l'ai trop gâté. Maintenant, c'est trop tard, il a pris des mauvaises habitudes avec l'argent. Juste au moment où son père a été mis à la préretraite et où nous devons faire plus attention. On dirait qu'il nous en veut ! »

Bien sûr, je compatissais, mais, en un sens, j'étais réconfortée. Mes démêlés financiers avec les représentants de cette génération ne constituaient pas une malédiction personnelle.

La génération de la désinvolture

Quels que soient le milieu social et le niveau de vie des parents, la trilogie parents/enfants/argent engendre les mêmes conflits : d'un côté, des parents attentifs à équilibrer leur budget en fonction d'une situation économique compliquée par la crise et la rigueur, face à des jeunes avides de consommer, habitués à un train de vie confortable, totalement irresponsables sur le plan financier.

Pour être honnête, il faut reconnaître que les parents sont largement responsables de cette prodigalité juvénile. Grisés par l'augmentation vertigineuse de leur propre pouvoir d'achat dans les années d'avant la première crise pétrolière, ils en ont oublié de procéder à l'éducation financière de leurs enfants. Rien n'était trop beau pour eux, les bonbons coulaient à flot, la mode multipliait chaque année les tentations vestimentaires, les vacances de neige se démocratisaient, l'électricité et l'essence semblaient aussi naturelles et gratuites que l'air que l'on respire. Nul n'aurait songé à faire ressemeler ses chaussures, à finir son pain ou à repriser des chaussettes. Comment les enfants auraient-ils pu, dans ces conditions, apprendre les gestes et les réflexes de l'économie ?

Ajoutez à cela la vieille manie européenne de ne pas parler d'argent devant les enfants. Ni pour s'en plaindre, ni pour s'en féliciter. On comprend dès lors que cette génération élevée dans la désinvolture de la société de consommation en soit à refuser les contraintes de l'Occident en crise.

Le syndrome du « *T'aurais pas cent balles ?* », réédité plusieurs fois par mois, n'est donc pas limité à un petit milieu de cadres supérieurs et de bourgeois nantis. Presque partout, les désaccords éclatent pour des histoires d'argent. L'argent est vraiment le nerf du conflit, parce qu'il est précisément le symbole de l'autonomie. Les jeunes ne peuvent tout à la fois dépendre financièrement et se libérer effectivement.

Voilà que l'on retrouve encore, à propos des jeunes, une des vérités mises en évidence par les combats féministes : l'autonomie financière modifie profondément les relations entre personnes. Il est très difficile de réclamer sa libération quand on ne peut assumer la charge de son train de vie — ou, tout au moins, une part de sa survie matérielle.

Désolée, vous ne pouvez dans le même temps nous ruiner et nous ignorer, tendre la main et tirer un trait. Il y a un rapport direct entre le cordon ombilical et les cordons de la bourse.

Quatre méthodes d'arnaque

Toutes ces histoires de fric vous obsèdent ; nous, elles nous excèdent.

Fric perdu, fric volé, fric dilapidé, fric prêté à des copains qui ne le rendent jamais, fric indispensable pour payer des études longues, fric inépuisable pour se fringuer à la mode, fric gagné par les parents et dépensé par les enfants. Certaines histoires sont carrément sordides.

Un jour, on sonne chez Jeanne, professeur de français. Une dame très convenable se présente :

« *Je suis la mère de Benoît, un camarade de votre fils Jérôme. Mon fils m'a avoué qu'il avait emprunté cinq cents francs au vôtre et ne les lui avait jamais rendus. Je suis venue moi-même rapporter cet argent. Surtout, je voudrais que Jérôme ne prête plus jamais d'argent à Benoît. C'est très important, car Benoît fait des dettes partout. Son père et moi sommes obligés de faire le tour de tous ses amis pour les rembourser. Excusez-le, excusez-nous, au revoir Madame. Surtout, n'oubliez pas de faire la commission à Jérôme.* »

La pauvre mère avait dit tout cela très vite, presque en rougissant. Jeanne se sentait gênée d'avoir été témoin de son humiliation. Mécontente aussi : comment son fils avait-il pu prêter une pareille somme à un copain ? Où avait-il trouvé cet argent ?

Elle pose la question à Jérôme quand celui-ci rentre. Après quelques secondes d'hésitation, l'explication arrive, sidérante :

— *Je n'ai pas prêté cet argent. Benoît exagère, il y a longtemps que je lui dis de ne pas faire ça.*

— *Ne pas faire quoi ?*

— *Le coup du fric emprunté.*

— *Quel coup ?*

— *C'est un moyen qu'il a trouvé pour soutirer du fric à ses parents quand ils ne veulent pas banquer. Il prend l'air confus et annonce qu'il a des dettes, qu'il doit 300/400/500 francs à l'un des gars de la bande. Comme sa mère a des principes, elle est prête à rembourser, mais comme elle se méfie de lui, elle ne lui donne pas l'argent, elle va le porter elle-même. En général, elle tombe sur le copain, lui remet l'argent en lui demandant, comme elle l'a fait ici, de ne plus jamais prêter de fric à son fils. Benoît n'a plus qu'à récupérer l'argent de sa mère auprès du copain complaisant à qui il donne 20 % de commission pour acheter son silence...*

Jeanne est allée elle-même rapporter les cinq billets à la mère en lui dévoilant le stratagème. Résignée, celle-ci a constaté : « *Avant, il me volait mon argent dans mon portefeuille. C'était mieux.* »

Le coup des billets soutirés dans les sacs des mères ou les poches des pères, de la gratte sur les commissions, des cent francs d'avance qu'on oublie de retenir sur la prochaine mensualité, des fournitures scolaires surestimées, des pickpockets dans le bus, du rackett à la sortie du lycée, du copain qui va vous rembourser — ces coups-là vous les avez tous faits. Nous aussi, à votre âge. Nos parents ont fermé les yeux ; nous aussi, à leur âge. Il y a entre parents et enfants une certaine « gratte » admissible : celle qui grignote des surplus sans attenter gravement à l'équilibre budgétaire de la famille.

En souvenir de notre jeunesse fauchée — n'est-on pas toujours fauché quand on est jeune ? — nous avons fait montre d'un certain laxisme quand, enfants, vous faisiez danser l'anse du cartable, mais votre insatiabilité financière a pris des proportions souvent intolérables. N'ayant pas les moyens de vous entretenir, nous avons commencé à dire NON, alors vous avez mis au point un certain nombre de procédés plus ou moins frauduleux pour nous forcer à *banquer.*

Voici les quatre méthodes d'arnaque les plus couramment pratiquées :

1. Dilapider l'argent invisible :

Certaines dépenses ne se règlent pas en argent liquide, nous les payons automatiquement sans pouvoir les contrôler, sans avoir à donner notre accord préalable. Le téléphone, par exemple. Cette machine infernale avale vos confidences pendant des heures et nous expédie la note. Une note mystérieuse, inexplicable depuis quelques années, puisque aucun détail n'est désormais fourni sur les sommes englouties. Une dépense somme toute invisible que l'on prélève sur notre compte en banque.

Dire que vous attendez parfois plus de vingt et quelques années avant de réaliser qu'un tel prélèvement diminue notre avoir d'exactement la même somme qu'un chèque du même montant ou que ce même montant en billets de cent francs ! Vingt et quelques années avant d'admettre qu'**un compte en banque doit être approvisionné !**

Vous avez vis-à-vis du téléphone une attitude élémentaire : il vous est aussi nécessaire que l'oxygène de l'air. Mais comme vous n'avez rien à débourser « chez nous » pour l'utiliser, impossible de vous faire admettre qu'il y ait le moindre rapport entre son usage à domicile et sa voracité dans les cabines publiques. Quand vous nous appelez de l'extérieur, vous parlez bref, délivrez votre message sans vaines considérations sur votre santé ou la nôtre. Si nous hasardons une question ou quémandons quelques nouvelles supplémentaires, vous nous coupez d'un « *Bon, salut, j'ai plus d' pièces, ça va couper.* » A la maison, en revanche, vous êtes intarissables. Il nous arrive de compter jusqu'à douze « *Bon, alors, salut* » avant que vous ne raccrochiez enfin !

On m'a raconté l'histoire hallucinante d'une jeune Américaine, venue passer un mois de vacances comme jeune fille au pair dans une famille française. Chaque soir, pendant qu'elle baby-sittait, elle appelait Papa et Maman à Chicago. Aux Etats-Unis, quand on appelle à longue distance, une opératrice de la compagnie téléphonique vous demande de préciser votre numéro d'appel avant d'établir définitivement la liaison. Ici, personne ne lui demandant rien et la communication étant absolument automatique, elle était persuadée que le téléphone était gratuit. La famille d'accueil reçut une facture de 4000 francs à la fin de l'été. Presque le salaire d'une nurse ! Ils n'osèrent pas envoyer la note outre-Atlantique, mais prirent la précaution, chaque été, de faire couper le 16 et le 19 sur leur ligne personnelle [1].

L'été est d'ailleurs une saison redoutable. Les amies de cœur sont parties chez leur grand-mère en Vendée. Et comme il n'est plus imaginable. pour les gens de votre génération, de communiquer par écrit — une lettre, c'est trop long et fastidieux à concevoir —, vous passez votre vie au bout du fil.

Même en d'autres saisons, certaines factures s'avèrent inexplicables. En plein mois de novembre, voici que leur montant double. Les adultes

1. Il s'agit d'une procédure simple. Il suffit d'en faire la demande *par écrit* à son agence des P et T. Avis aux parents qui s'absentent souvent en laissant leur combiné sans surveillance !

s'interrogent, envisagent l'hypothèse d'un compteur devenu fou, écrivent une lettre de réclamation généralement réfutée par l'Administration, soupçonnent des relations nouvelles du conjoint avec un mystérieux correspondant provincial ou étranger. Jusqu'au jour où l'on apprend que la ravissante/le somptueux rencontrés sur la plage de Cavalaire habitent Dijon, Nantes ou Birmingham.

Vous-mêmes êtes extrêmement choqués, quand vous vous installez dans votre studio personnel, d'avoir à régler des factures tous les deux mois. En général, vous ne les payez pas, et l'on vous coupe le téléphone ou l'électricité. Face à une telle catastrophe, votre premier réflexe : téléphoner ! A Papa et Maman, pour leur expliquer à quel point il est injuste et ignoble de faire une chose pareille à leur petite fille/petit garçon.

Pourtant, ce n'est pas faute d'avoir grommelé dans notre barbe que le téléphone coûtait cher, d'avoir souligné l'information à la table familiale dès qu'on annonçait une nouvelle hausse des tarifs. La dernière fois encore, quand nous avons appris que les communications de plus de 20 minutes seraient désormais taxées à l'intérieur d'une même localité, nous nous sommes exclamés que cela ne nous poserait certes aucun problème à NOUS, mais qu'il VOUS faudrait y prêter attention. (Notons que les parents de filles se sentent plus menacés que les autres, car la téléphonite sévit encore plus fort chez elles.)

L'électricité et autres sources d'énergie participent exactement du même phénomène. Votre incapacité à établir un lien de cause à effet entre une lampe allumée, un radiateur inutilement branché et l'amputation de nos ressources est tellement connue que nous n'insisterons pas sur ce point.

Il est cependant des dépenses plus insidieuses. Avez-vous jamais songé, par exemple, à l'usure que vous faites subir au moteur de la voiture quand vous démarrez sur les chapeaux de roues, à la détérioration de notre cadre de vie quand vous malmenez les peintures et saccagez les sièges, aux dangers que courent nos moquettes quand vous posez vos verres par terre ? Toutes négligences et imprudences qui se paient un jour. Cher.

Sans être particulièrement pingre, on peut considérer qu'il est des façons plus satisfaisantes de dépenser son argent que de combler sou à sou ces trous invisibles que vous creusez dans notre budget.

2. Vous mettre en cessation de paiements.

Cet expédient financier permet à certains chefs d'entreprise d'éviter la mise en faillite complète. En avouant leurs difficultés, ils obtiennent la nomination d'un syndic qui fait patienter les créanciers et assure la survie de l'entreprise, le temps de trouver une issue honorable.

Vous partez du même principe quand votre situation financière devient particulièrement précaire. Ne pouvant plus assumer seuls vos engagements, vous nous faites part de votre découvert, de vos dettes, de vos emprunts non remboursables, et demandez alors des subventions. Provisoires, à l'évidence. Les subventions sont toujours provisoires quand vous les sollicitez, définitives quand vous les avez obtenues.

Si les créanciers sont suffisamment puissants pour vous attirer de vrais ennuis — en l'occurrence, votre succursale de banque qui menace de vous poursuivre et de déposer plainte si vous n'approvisionnez pas immédiatement le compte sur lequel vous avez tiré, pour la troisième fois, un chèque sans provision — nous couvrons. Pour ne pas vous voir passer le seuil de la maison entre deux gendarmes.

Contrairement à vous, nous sommes des *malades* du chèque sans provision, il nous fait peur. Nous ne plaisantons pas avec les banques, parce que nous savons depuis belle lurette que les banquiers n'ont pas du tout le sens de l'humour et qu'ils sont sans pitié pour les faussaires. Certes, ils ont de l'argent, mais ils n'ont pas pour habitude de le distribuer aux jeunes fauchés. Parfois, ils font preuve d'humanité et ne se fâchent pas au premier accroc, mais leur bonne humeur ne dure jamais longtemps, ils finissent toujours par réclamer leur dû. A qui ? A vous d'abord, à nous ensuite. Quand nous avons le même domicile et le même numéro de téléphone, ils arrivent toujours à nous joindre pour nous signaler vos démêlés, indifférents aux drames familiaux qui en découlent. Ils ont raison d'ailleurs, ils veulent leurs sous, et la plupart du temps les récupèrent.

Dans ces conditions, pourquoi tant de parents admettent-ils ce chantage au compte en banque ? Parce qu'ils ne peuvent faire autrement. Depuis la fameuse majorité à 18 ans, il suffit de presque rien — quelques centaines de francs — pour obtenir un carnet de chèques. Certes, les banques se méfient, mais si vous prenez la précaution de vous adresser au même établissement que Papa ou Maman, les démarches sont d'une simplicité... enfantine.

Jusqu'au jour où nous nous fâchons pour de bon. Compte couvert, soit, mais vivres coupés. Avant d'en arriver à de telles extrémités, nous nous sommes largement fait arnaquer

3. Changer les affectations budgétaires.

Quand on a des trous dans ses chaussettes ou des collants filés, que faire ? Les jeter à la poubelle et signaler qu'il n'est pas question, en plein hiver, de marcher les pieds nus dans ses souliers.

Quand votre fille/fils réclame des subsides pour tenir ses orteils au chaud, que répondre ? Ouvrir son porte-monnaie et tendre un billet au va-nu-pieds.

Tout serait évident si le billet tendu n'était ensuite régulièrement détourné de sa destination. Deux paires de chaussettes ou quatre collants représentent environ deux places de cinéma, un casse-croûte pour trois dans un fast food, quelques litres d'essence pour la moto d'un copain vraiment fauché, lui, les deux tiers d'une cassette de Miles Davis. Parfois deux paires de chaussettes ne représentent rien du tout : quelques pièces au fond d'une poche qui fondent comme cigarettes grillées et Coca-Cola au comptoir. Rien qu'on puisse se rappeler de vraiment notable. Donc, deux paires de chaussettes ne valent vraiment pas la peine de *faire tout un cinéma* quand on redemande le plus simplement du monde un billet pour remplacer celui qui s'est ainsi évaporé par inadvertance. Les parents sont vraiment *rats*.

Cette façon d'affecter l'argent que nous vous donnons pour répondre à des besoins vitaux à des postes auxquels il n'était pas destiné, nous agace prodigieusement. Ce n'est pas du vol [1], c'est du détournement de fonds privés. Vous profitez de notre acharnement à « couvrir ceux qui sont nus » pour nous soutirer des sommes minimes mais répétées que vous dépensez ensuite au gré de votre seule fantaisie.

Parfois ces abus de confiance portent sur des montants plus substantiels. Essentiellement dans le domaine vestimentaire. Vous achetez un gilet sans manches avec l'argent d'un indispensable imper, une jupe en cuir en lieu et place d'un pantalon, des escarpins rouges montés sur talons de dix centimètres avec les crédits de sobres mocassins bleu marine. Encore heureux si vous n'engloutissez pas tout le budget habillement d'une saison dans un seul pull (« *mais il est en cachemire* ») ou une unique paire de chaussures (« *mais elles me dureront au moins dix ans* »).

Ce domaine des *fringues* se révèle particulièrement incontrôlable pour nous autres parents. Très tôt, vous nous avez appris à **ne jamais rien acheter pour vous sans vous.** Il a suffi d'un ou

1. Le vol entre parents et enfants n'existe d'ailleurs pas au terme du Code pénal (article 300 : les soustractions commises par des enfants au préjudice de leur père ou mère ne pourront donner lieu qu'à des réparations civiles).

deux vêtements de prix laissés dans l'armoire à l'état neuf pour nous faire comprendre cette vérité d'évidence : vous êtes seuls habilités à choisir votre *look.* Tout ce que nous achetons est *ringard,* de l'argent flanqué par les fenêtres. Aussi sommes-nous contraints, en période de courses, de vous confier l'argent correspondant, même s'il risque d'être dépensé de manière incohérente à nos yeux. En ultime ressort, ce système nous paraît moins absurde que celui de l'achat-placard.

4. Revendre bon marché ce que nous avons acheté cher.

La revente d'occasion a pris depuis quelques années les dimensions d'un marché d'intérêt national. Les boutiques de seconde main fleurissent dans tous les secteurs de biens de consommation — vêtements d'enfants, de femmes et d'hommes, ameublement, brocante, etc. Sauf pour les jeunes. Cette lacune s'explique : le marché de la revente fonctionne entre vous de gré à gré, et revêt une ampleur insoupçonnée.

Hélas, en l'absence de réglementation, les cours pratiqués par certains acquéreurs sont scandaleusement bas. Appareils photo, chaînes stéréo, motos, équipements de sport sont ainsi bradés sous le blouson pour des montants dérisoires. L'argent de la revente ne revient à l'évidence jamais à l'acquéreur de première main : NOUS. Il est empoché et aussitôt dépensé par le propriétaire nominal : VOUS.

Ainsi disparaissent des placards des objets acquis à prix élevés qui nous avaient été réclamés comme étant de première nécessité et qui, quelques mois ou années plus tard, doivent être remplacés, à la demande réitérée du bradeur professionnel. Dialogue caractéristique dans les quinze jours qui précèdent les vacances de Noël ou de Pâques :

— *Où sont donc tes chaussures de ski, j'ai cherché partout, je ne les trouve pas ?*

— *Tu sais bien que je les ai vendues à Stéphane l'année dernière...*

(Est-il besoin de préciser que le « tu sais bien » est une pure clause de style de la part du jeune interrogé. Il n'avait manifestement prévenu personne, et surtout pas sa mère, de son exploit. Solder une paire de chaussures de ski presque neuves pour 150 francs, il n'y a vraiment pas de quoi se vanter.)

— *Comment vendues ? C'est de la folie, elles n'avaient même pas deux ans. Tu ne crois quand même pas que je vais t'en racheter !*

Si, il le croit. Et, en fait, il a raison. A moins qu'on ne se résigne à en louer, solution antiéconomique en principe, mais qui présente l'avantage d'éviter les reventes intempestives...

Pas facile de trouver de l'ouvrage

Toutes ces magouilles attristent les parents modernes. Partisans de la responsabilisation financière, nous avions décidé, dès votre plus jeune âge, de fixer un montant hebdomadaire, puis mensuel, à votre argent de poche. Tous les articles de magazines nous recommandaient cette méthode : « *Apprenez à vos enfants la valeur de l'argent. Laissez-les en disposer comme bon leur semble, ils prendront conscience du prix des choses, acquerront des notions d'économie et même d'épargne. Ainsi, adultes, ils pourront mieux gérer leur budget et faire face à leurs problèmes d'argent.* »

Mon métier, à l'époque où vous étiez écoliers, consistait justement à faire des magazines. Plus que quiconque, je préconisais donc ces principes de pédagogie contemporaine. Femme moderne, je refusais le pouvoir absolu du distributeur d'argent liquide : la « semaine » consentie à nos grand-mères par des maris méfiants qui avaient peur de les voir dilapider l'argent du ménage en leur donnant de trop grosses sommes à la fois, me paraissait une pratique d'un autre âge. Je recommandais le compte en banque personnel pour les femmes, même si elles ne disposaient pas d'un salaire à elles. J'admettais donc logiquement l'octroi aux jeunes d'une certaine autonomie financière. Je croyais dur comme fer que c'est en gérant qu'on devient gestionnaire.

Je vous accordais donc chaque mois une somme globale qui devait couvrir TOUTES vos dépenses. Une somme calculée bien large pour que vous ne risquiez pas la banqueroute vers le 20 du mois. Pourtant, si large qu'ait pu être le calcul, il s'avérait toujours inférieur aux débours. Si bien que de rallonges en crédits spéciaux, votre déficit est devenu chronique et nos relations financières orageuses.

Ma confiance ayant été maintes fois surprise, mon système est devenu bancal. Très vite, j'ai dû me rendre à l'évidence : la confiance ne mène pas forcément à la responsabilisation. Je l'ai admis à regrets.

Si je ne voulais pas assumer cette fonction de trésorière-payeuse générale, il ne restait donc plus qu'une solution : la rupture. L'abandon financier, en vous priant de faire face à vos propres besoins par la pratique des petits boulots.

Plus facile à dire qu'à faire. Le système américain des étudiants/travailleurs est idéal pour assurer la transition entre la dépendance totale et l'autonomie complète. Gardiennes de bébés, pompistes d'occasion, livreurs de fleurs, employées aoûtiennes dans les compagnies d'assurances et les banques désertées par leurs salariées habituelles, garçons de bureau, moniteurs/trices de colonies de vacances, enquêteurs/trices pour instituts d'études de marché, vendeuses/eurs dans les Grands Magasins au moment des fêtes de fin d'année, la liste est longue des jobs possibles. Possibles, mais trouvables ?

La crise économique ne nous a pas aidés à vous inculquer la valeur de l'argent gagné. Non seulement il n'est pas évident de vous mettre à l'ouvrage, mais il s'avère quasi utopique de vous trouver de l'ouvrage. Je dis bien « vous trouver », car, bien souvent, c'est nous qui sommes chargés de nous décarcasser auprès de nos amis et relations. Vous abandonnez tout espoir au bout de deux ou trois démarches infructueuses, suite à des petites annonces bidons.

En voici une, relevée au hasard dans *Libé* le jour où ces lignes sont écrites : « *Société d'édition recherche jeunes gens, jeunes filles, si possible étudiants que la vente et la marche ne rebutent pas pour diffusion d'un rapport ayant fait l'objet d'une large campagne de promotion. % motivant pouvant être payé chaque soir.* » Suivent l'adresse et le numéro de téléphone Peut-on vous en vouloir de refuser de jouer les gogos avec ce genre de pourcentage motivant ?

Quand les enfants renoncent, les parents cherchent. J'ai rencontré deux mères-courage qui ont fini par trouver, au prix de démarches téléphoniques incessantes. Toutes deux ont employé la même méthode : les pages jaunes de l'annuaire.

Jacqueline voulait à tout prix caser son fils Laurent chez un jardinier ou un pépiniériste durant les mois d'été. Elle avait peur de le voir passer toutes ses vacances enfermé dans un bureau ou un magasin, lui trouvant déjà mauvaise mine après un très mauvais hiver et de très très mauvais résultats scolaires. Elle et son mari avaient menacé Laurent de lui faire passer son été au travail s'il redoublait sa terminale. Pour mettre leur menace à exécution, elle s'est sentie obligée de dégoter une place d'aide-jardinier.

« *Mon mari est géomètre, et moi je travaille dans la confection, je n'ai jamais vu un pépiniériste de ma vie. Je n'avais qu'une solution : y aller au culot. Nous habitons en Seine-et-Marne. Il y a 72 noms de jardiniers pépiniéristes dans l'annuaire de la Seine-et-Marne. Il m'a fallu 39 coups de téléphone avant de recevoir la moindre réponse positive. J'ai fini par en trouver un qui voulait bien le voir à condition que j'aille moi-même le présenter un soir avant le dîner. C'était à l'autre bout du département. Il a fallu que je demande à sortir trois heures plus tôt de mon travail pour aller jouer les mères-placières chez un patron-jardinier qui n'avait pas l'air commode. Je ne sais pas ce qu'il a pensé de mon fils, mais j'ai dû lui faire bonne impression : l'affaire a marché.* »

Laurent a arraché du poireau et repiqué de la laitue au SMIC pendant deux mois. Il paraît que ça lui a donné une vision tout à fait différente de ses conditions de vie au collège — bien entendu, cela faisait longtemps que tous les lycées l'avaient *jeté.*

Le cas de Sylvie est différent. Il ne s'agissait pas de la punir, mais de l'aider. Face à un employeur éventuel, sa timidité la paralysait et elle était incapable de répondre à une annonce téléphonique. Pour trouver un stage d'esthéticienne, sa mère a systématiquement coché tous les salons de coiffure de la grande ville la plus proche de son domicile. Après avoir passé une moyenne de deux heures au téléphone près d'une semaine durant, elle a fini par trouver un stage d'un mois, uniquement aux pourboires. Sylvie et sa mère ont estimé que c'était beaucoup mieux que rien. Il ne faut pas se montrer trop exigeant par les temps qui chôment !

Il vous arrive parfois de gagner vraiment quelques sous parce qu'un copain marie sa sœur et que vous servez de chauffeur de maître à la mariée, que la tante de la voisine vous embauche pour deux semaines dans sa parfumerie ou que vous surveillez les candidats au bac — mais, rapportés à votre train de vie, ces gains sporadiques ne représentent qu'une goutte d'eau dans l'Océan. Impossible donc de fermer le robinet, même si nous menaçons régulièrement de désamorcer la pompe à finances.

En fait, ce n'est que bien plus tard, pour votre bien et non pour notre trésorerie, que nous nous déciderons à le faire. Nous reviendrons plus loin sur ce moment du grand largage. Pour l'instant, bornons-nous à constater que nos bons principes d'autogestion et de participation, appliqués à l'éducation financière des enfants, n'ont pas fait la preuve de leur efficacité.

Mais il est bien d'autres domaines où notre éducation libérale a donné des résultats pour le moins contestables.

Celui des études, entre autres.

VI

Je n'ai pas été une kyoiku-mama !

Mea culpa. Je ne suis pas, je n'ai jamais été une mère japonaise.

Cette idée me hante depuis que j'ai lu un article expliquant que les mères japonaises sont les principales responsables de la foudroyante réussite technologique et industrielle de leur pays [1].

Le petit Seiji Hashimoto, 10 ans, ne travaille pas bien en classe. Il risque de se faire renvoyer. On ne plaisante pas, au Japon, avec les mauvais élèves, on les *jette*. Le déshonneur d'une pareille sanction met la mère de Seiji dans un tel état d'angoisse qu'elle tombe malade. Psychosomatique ou pas, la maladie de sa maman culpabilise Seiji qui se sent à juste titre responsable de cette situation. Pour l'aider à guérir, Seiji fait des efforts à l'école. Ses résultats s'améliorent. Sa mère guérit.

Les chercheurs californiens, partis pour enquêter sur les fondements culturels du boom

1. *Psychology Today*, septembre 1983.

japonais, ont rapporté des centaines d'anecdotes de ce genre. Partout ils ont mis au jour le même processus : des mères fanatiquement concernées par l'éducation de leurs enfants, prêtes à toutes les pressions psychologiques, à tous les chantages affectifs pour les pousser à apprendre et à réussir sur le plan scolaire.

Plus elles sont directives, exigeantes, concernées, plus leurs enfants — mais ne faut-il pas dire leurs garçons ? — remportent de succès ! Ces mères japonaises se sentent tellement responsables des notes et classements obtenus à l'école qu'elles envoient leurs enfants faire le soir des heures supplémentaires chez des répétiteurs professionnels. De temps à autre elles passent les bornes, certains enfants craquent ; le Japon enregistre le plus fort taux de suicides d'écoliers au monde. Néanmoins, ces « accidents » ne remettent pas en cause, dans l'opinion, un système qui fabrique en série les meilleurs élèves en maths et en sciences de la planète.

L'Association internationale pour l'Evaluation du Niveau Educatif a testé, dans les quinze pays les plus industrialisés, les connaissances scientifiques des écoliers âgés de 10 à 15 ans. Partout les Japonais sont arrivés en tête. A 10 ans, ils ont obtenu une moyenne de cinq points supérieure aux autres ; à 15 ans l'écart s'était encore creusé : les Japonais avaient neuf points d'avance. Au cours des mêmes tests, les écoliers américains ont obtenu des scores analogues à ceux des autres nations.

Ces résultats ont préoccupé les milieux universitaires américains habitués à la suprématie de leur pays dans le domaine scientifique. Ils leur ont donc cherché des explications. Après des années de recherches et d'enquêtes en Extrême-Orient, deux différences essentielles leur sont apparues :

a. le nombre de jours passés à l'école : les écoliers japonais travaillent **240** jours par an, les américains **178.** Sur ce point, la France détient le record du monde, mais à l'envers : les écoliers français passent **149** jours par an sur les bancs de l'école !

Je ne peux m'empêcher de penser que la faiblesse de ce score a une influence sur le niveau scolaire. Pas tant en matière de connaissances — le cerveau d'un enfant a une capacité de mémoire et d'attention limitée — qu'en ce qui concerne la place occupée normalement dans la vie par le travail. Quand on a pris l'habitude de travailler moins d'un jour sur deux, l'entrée dans la vie active représente psychologiquement une véritable punition. Il paraît alors plus « normal » de ne rien faire que de travailler. C'est sans doute une des explications plausibles de l'instabilité professionnelle dont font preuve tant de jeunes dans le secteur privé. Tous les employeurs se plaignent de voir « disparaître » apprentis et stagiaires au moment des vacances d'été.

b. l'implication des mères : phénomène d'autant plus important que les femmes japonaises cessent de travailler du jour où elles se marient et participent peu à la vie sociale, essentiellement réservée aux hommes dans leur univers professionnel. Les mères ont donc tendance à rechercher leur justification existentielle dans la réussite de leurs enfants. Comme, de plus, les Japonaises ont peu d'enfants, la pression maternelle est d'autant plus forte que moins répartie.

Au Japon, les mères de bons élèves portent fièrement le nom de *kyoiku-mama,* que l'on peut traduire en gros par « maman-éducation », bien qu'il manque à cette définition la dimension de dévouement exclusif à une seule et même tâche : faire de son enfant le meilleur élève de la classe.

George De Vos, anthropologue à l'Université de Berkeley, étudie depuis 25 ans la culture japonaise. Il constate à propos des *kyoiku-mama* : « *La mère japonaise peut être considérée aujourd'hui comme la meilleure " mère juive " du monde.* » Un psychologue de l'Université de Harvard insiste sur cette comparaison : « *Jusqu'à l'entrée de son enfant à l'école, la mère japonaise se consacre entièrement à l'élevage du tout-petit. De façon verbale et non-verbale, elle lui rappelle constamment qu'elle éprouve pour lui des sentiments très profonds et qu'il représente pour elle la chose la plus importante au monde. Ensuite, elle lui dit : " Après tout ce que j'ai fait pour toi, ne me déçois pas. " Tout comme la mère juive qui dit : " Comment peux-tu ne pas avoir faim alors que j'ai passé toute la journée dans ma cuisine à te préparer à manger ? "* »

Les mères juives font sourire au théâtre par leurs débordements aux sentiments et leurs délires verbaux, mais on reconnaît désormais le rôle essentiel qu'elles ont tenu dans le développement culturel de leur peuple. Il a fallu toute leur énergie et leur excessive affectivité pour convaincre tant de petits enfants juifs de s'enfermer des heures durant à l'école rabbinique afin d'apprendre à déchiffrer les versets bibliques plutôt que d'aller jouer et courir avec les autres enfants de leur âge.

A ce propos, connaissez-vous la différence qui existe entre les trois grands spécimens de mères judéo-chrétiennes ? Trois petits garçons vont ensemble à l'école : un Français, un Italien et un Juif. Le soir, ils rentrent chez eux et présentent à leurs mères leur carnet de notes. Ils sont les derniers de la classe :

La mère française déclare d'un ton sévère : « Mon fils, tu n'as pas de quoi être fier de toi. Comment veux-tu devenir quelqu'un dans la vie avec des notes pareilles ? Je te le dis, si tu continues comme ça, **tu te tues !** »

La mère italienne se met à crier : « Mon fils, tes résultats sont désespérants. Je ne pourrai pas supporter de te voir gâcher ta vie comme ça. Plutôt que d'assister au spectacle de ta déchéance, je préférerai disparaître. Je te le dis, si tu continues comme ça, **je me tue !** »

La mère juive éclate en sanglots : « Mon fils, tes résultats me prouvent que tu ne m'aimes pas. Comment peux-tu si mal travailler après tout le mal que je me suis donné pour t'élever et tous les sacrifices que j'ai consentis depuis ta naissance pour te permettre de faire des études ? Je te le dis, si tu continues comme ça, **tu me tues !** »

Le culte hexagonal du diplômé

Bien vu en ce qui concerne les parents français. Sur le chapitre de l'exigence scolaire, on ne se défendait pas si mal dans l'Hexagone depuis le début du siècle. Il ne s'agissait pas tant d'apprendre pour savoir que d'étudier pour réussir Nous avions l'un des meilleurs systèmes d'enseignement pour la fabrication des diplômés. Une fois le diplôme obtenu, on pouvait se reposer sur ses lauriers pour le restant de sa vie professionnelle. Ce culte du diplômé n'a d'ailleurs pas totalement disparu dans les secteurs protégés de notre économie nationale. Dans la recherche et l'industrie, toutes deux exposées à la concurrence internationale, il peut désormais s'avérer nécessaire de se défoncer professionnellement pour réussir d'abord, maintenir sa position ensuite mais, dans certaines administrations, un parchemin suffit encore à garantir trente ou quarante ans de promotions à l'ancienneté.

Un jeune diplômé d'HEC n'a pour ainsi dire aucune chance de gagner à la SNCF le même salaire qu'un Polytechnicien de son âge intégré dans cette noble maison la même année que lui Seule l'incapacité notoire du Polytechnicien pourra rééquilibrer les deux carrières en empêchant celui-ci de bénéficier de toutes les promo tions liées à sa formation. Sinon, quelles que soient les initiatives dont pourra faire preuve l'ancien élève d'HEC et les résultats qu'il aura pu obtenir, à diplôme inégal, il conservera jusqu'à la retraite un revenu inférieur.

Pour participer à cette course si caractéristique du système éducatif français, depuis le certificat d'études jusqu'à l'agrégation en passant par le brevet, le bac et les concours d'entrée dans toutes les écoles possibles et imaginables, on bourrait le crâne des écoliers, sans d'ailleurs jamais se soucier de ces « concours de sortie » qu'impose la vie elle-même. Plutôt que de « faire » les têtes, on s'efforçait de les remplir afin d'opérer d'autant plus facilement une sélection puisque les plus pleines étaient considérées comme les meilleures.

Ce gavage reposait sur l'hypertrophie de la mémoire aux dépens des autres facultés intellectuelles. On apprenait presque tout par cœur : les tables de multiplication, les terminaisons en « oux », les traités de Louis XIV [1], les poèmes de Victor Hugo et de Lucile de Larue-Mardrus, les préfectures et sous-préfectures, les règles de

1. Je m'en souviens encore à cause du fameux « WPANRU » : Westphalie, Pyrénées, Aix-la-Chapelle, Nimègue, Rastadt, Utrecht. Cette « connaissance » ne m'a jamais servi à RIEN. Je suis heureuse d'en faire enfin une note de bas de page

grammaire latine, les théorèmes et formules mathématiques, les chiffres de la production charbonnière, les maréchaux d'Empire, etc...

99 % de ce qu'on apprenait ainsi ne servait jamais à rien. Mais le 1 % restant formait une sorte de culture collective. La fameuse, celle qui reste quand on a tout oublié. Même les parents moins avancés scolairement que leurs enfants pouvaient briller à leurs yeux en se souvenant, des années après avoir quitté l'école, qu'apercevoir ne prend qu'un « p » et que 8 fois 7 ont toujours fait et feront toujours, avec ou sans calculette, 56.

Surtout, ce système permettait aux mères de participer activement à la vie et à la réussite scolaire de leurs enfants. Il suffisait, le soir, de faire répéter ce qui était écrit dans le manuel. Le mot à mot évitait les erreurs pédagogiques et les différences d'interprétation possibles entre ce que l'enfant entendait à l'école et ce qu'on lui disait à la maison.

Toujours prêtes à lier distractions et résultats, l'œil vissé sur le carnet de notes et les places en composition, compensant la longueur d'un été oisif par les redoutables « devoirs de vacances », hantées par le bicorne et le casoar, fières de leurs élèves de C ou de leurs admises en hypokhâgne, négligeant la piscine au profit d'une répétition de mathématiques, excusant à la main les absences en sport mais envoyant les grippés à leurs examens de physique/chimie avec une grosse fièvre, les mères françaises n'avaient pas grand-chose à envier à leurs consœurs japonaises.

Elle étaient d'ailleurs secondées dans leur rôle de pionnes par les pères français, recordmen du « *Montre-moi ton carnet. C'est bien, voilà un petit billet. Ce n'est pas bien, tu seras privé de cinéma/télévision/sortie/promenade dimanche prochain.* » Encore aujourd'hui, certains pères surmenés professionnellement se donnent bonne conscience en quelques minutes avec le « coup du carnet ». Une fois ce rite accompli, ils peuvent se replonger dans leurs dossiers ou se détendre devant un film à la télévision. Les enfants sentent bien qu'ils ne plaisantent pas sur l'essentiel : les résultats scolaires.

Enfants heureux = meilleurs élèves

Avec celles et ceux de ma génération, devenus parents, tout s'est mis à basculer. La bonne vieille pédagogie simpliste et directive des instituteurs de campagne a été contestée de toutes parts. Comme les Américains se demandent aujourd'hui ce qui fait réussir les écoliers aux yeux bridés, nous avons alors étudié la jeunesse des savants mâcheurs de chewing-gum et tenté de comprendre comment ils envoyaient des hommes sur la Lune sans distribuer de médailles et de punitions aux enfants.

Les modernistes, dont j'étais, ont préconisé les méthodes actives, la participation en classe, le travail de groupe, les exposés oraux, les mathématiques modernes et les *Joyeux Enfants de Summerhill.* Nous avons sincèrement pensé que des enfants heureux feraient de meilleurs élèves. Il fallait leur donner le goût de comprendre plutôt que les forcer à apprendre.

Ainsi disparurent en vrac, au fil des décennies 60 à 80 : les dictées, les départements, les dates, les notes de 1 à 20 [1], les classements, les devoirs du soir, les colles, le calcul mental, le latin, l'histoire chronologique, les sessions de septembre, les distributions des prix, le certificat d'études, le premier bac, etc. (Les mentions au bachot et le Concours général ont bien failli sombrer également dans le naufrage anti-compétitivité, mais, au dernier moment, on leur a accordé la vie sauve Le balancier pédagogique a commencé son mouvement de reflux : certains redécouvrent les vertus de la motivation par les résultats)

1. Remplacées par des lettres de D à A, ce qui a permis d'écraser l'échelle des classements au sein des « très bons » comme des « vrais cancres ». Obtenir 19 ou 16 n'était certes pas la même chose : les deux notes sont désormais englobées dans la catégorie des A. Même phénomène pour les résultats compris entre 0 et 5, classés D.

Le point culminant de ce grand chambardement s'est situé juste après la « révolution culturelle » de 68. « *Les cahiers au feu, les prof' au milieu...* » : le grand rêve de notre enfance bouclée était devenu réalité pour nos propres enfants, quelle merveille !

Les relations parents-enfants s'en trouvèrent simplifiées. En rentrant du bureau, le soir, les parents n'avaient plus besoin de se transformer en répétiteurs. Pour les petites classes, il n'y avait pour ainsi dire plus de travail à la maison, pour les grandes, les *vieux* n'y comprenaient plus rien. En maths ou en physique, par exemple : tout avait changé depuis leur propre bachot. Même la Révolution française ne ressemblait plus à elle-même. Elle s'insérait désormais dans un grand maelstrom socio-économique où la prise de la Bastille et la nuit du 4 août ne figuraient plus qu'à titre anecdotique.

Comment oublier cette institutrice d'école primaire qui nous supplia au cours d'une réunion de parents d'élèves : « *Surtout, ne leur apprenez pas que 2 et 2 font 4, ils ne comprendraient plus rien aux mathématiques modernes !* »

Comme les autres mères, je n'eus plus alors qu'une solution : vous faire confiance, espérer que ces nouvelles études, qui me semblaient plus « intelligentes » sur le fond que celles auxquelles j'avais moi-même été astreinte, éveilleraient en vous cette soif de connaissances sans laquelle rien d'essentiel ne se conquiert ni ne se construit. J'étais fière de penser que nous allions assister à l'essor intellectuel d'une nouvelle jeunesse, plus créative, plus originale, mieux adaptée à ce siècle que nous ne l'avions été.

Ajouterai-je, pour être tout à fait honnête, que cette situation convenait tout à fait à mes horaires de femme qui travaille ? Il me suffisait amplement d'assurer la révision des compositions d'anglais et de sciences naturelles — la liste des verbes irréguliers et la reproduction des cryptogames vasculaires n'ayant pas subi de réformes majeures entre vos études et les miennes.

C'est ainsi que, par la force des mutations que j'avais moi-même appelées de mes vœux, j'ai renoncé à être une mère japonaise.

Les résultats me laissent perplexes.

Votre langage est un désastre

Quand je m'essaie à comparer votre acquis culturel au mien — au même âge, bien sûr, le parallèle n'aurait autrement aucun sens —, j'ai des doutes.

Cela m'agace prodigieusement, par exemple,

que vous ne soyez pas capables d'écrire deux lignes sans commettre une faute de français ou une faute d'orthographe. Le plus souvent, les deux à la fois. C'est agaçant, mais je ne crois pas que ce soit très grave. Il y a suffisamment de correcteurs dans les imprimeries et de dictionnaires dans les bureaux pour éviter ou amender le pire. La plupart d'entre vous n'auront pas pour métier d'écrire, et j'avoue que cette langue française multiplie les pièges comme à plaisir. Je passerais volontiers sur quelques participes passés mal accordés si, à défaut d'écrire, vous saviez déjà parler.

Hélas, votre langage est un désastre !

Je ne parle pas du Verlan. Vous avez le droit de vous amuser avec ce code secret qui met les mots à l'envers. Pourquoi ne dirait-on pas entre copains *laisse-béton* au lieu de laisse tomber ?

Nous avions le Javanais, vous avez le Verlan. Chaque génération a droit à ses bafouillis initiatiques. Mais quand nous ne parlions pas javanais, nous nous exprimions en français. Vous pas.

Votre discours quotidien n'est qu'une suite d'onomatopées, de jurons elliptiques, de vocables tronqués. A croire que ça vous fatigue tellement de parler que vous mangez la moitié des mots pour ne pas avoir à fournir l'effort de les prononcer dans leur intégralité.

« *Cata' mon fute est crad'. Ça m' fait' ch'. A c't ap'* [1] *ou à tout'.* » C'est drôle à 13 ans, normal à 15, débile à 18, et carrément nul à 20 ans, si tu veux mon opinion. Comme pour tes horaires ou tes affaires, ton langage devrait commencer à tenir compte du monde extérieur. Tu ne vivras pas éternellement au milieu d'une bande de copains grands handicapés verbaux.

Autre hypothèse plus optimiste : vous savez parfaitement vous exprimer en français, la preuve en est que vous êtes arrivés à passer votre bachot, à entreprendre et parfois poursuivre des études supérieures, mais vous faites exprès de continuer à baragouiner devant nous et entre vous pour prolonger votre communication d' « ados ». Ce refus linguistique du monde des adultes en dit sûrement long sur votre mentalité. Au lieu de vous donner l'envie de progresser et de découvrir, de changer le monde, de faire vos révolutions, de contester notre culture, d'imposer vos idées, de démolir les nôtres, vos études vous ont laissés encoconnés dans votre statut d'adolescents, confortablement lovés dans votre monde de jeunes comme un appendice social sans contact avec les réalités d'aujourd'hui et les nécessités de demain.

1. Pour ceux qui n'iraient pas vérifier dans le lexique de fin, « *a c't ap'* » ne signifie pas « à se taper le derrière par terre », comme dans les années 60, mais « à cet après-midi » !

En fait, je vois fort bien ce qu'on vous a enseigné en moins par rapport à nous autres : tout un fatras de faits et de règles qui encombraient l'esprit sans toujours susciter des idées. Mais je cherche encore ce que vous avez appris *en plus.*

Vous ne savez plus rédiger une proposition à l'imparfait du subjonctif, mais vous n'avez pas appris à dicter vos idées ou les conclusions d'un rapport au magnétophone.

Vous n'avez pas tiré la langue sur des pages d'écriture calligraphiées à la plume Sergent-Major, mais on ne vous a pas non plus contraints à savoir vous servir d'un clavier de machine à écrire ou de terminal, sans lesquels vous risquez de rester manchots dans la société technologique de demain.

On vous a supprimé l'Histoire de France, mais on ne vous a pas initiés aux notions essentielles pour comprendre le passé et le présent du reste du monde.

Vous ne savez plus le latin, mais vous n'avez pas non plus suivi de cours réguliers pour apprendre le Basic ou le Pascal.

Nous ne savions guère l'anglais au sortir du lycée, vous pas davantage.

Notre culture musicale et notre formation sportive étaient carrément nulles. Les vôtres ont un peu progressé. Si peu !

Comprenons-nous bien : je ne nous donne pas en modèle, au contraire. Je n'avais nulle envie que vous me ressembliez au même âge, je vous voulais **mieux.** Plus cultivés, plus ouverts, plus originaux, plus compétents, plus entreprenants, plus tout.

J'aurais aimé que vous m'étonniez. C'est raté, vous ne m'épatez pas.

Une génération de créatifs

Si, pourtant. Il est un domaine où je vous admire. Une qualité que je vous reconnais et sur laquelle je fonde encore beaucoup d'espoirs : la créativité.

Avec notre éducation libérale et sans contraintes, nos programmes flous, nos méthodes actives, nos initiatives désordonnées nous avons fabriqué une génération d'artistes, de saltimbanques, de stylistes de mode, de publicitaires, de chanteurs, de photographes, d'animateurs de radio, de danseuses, de dessinateurs de bandes dessinées. Il suffit de voir qui sont vos héros pour comprendre quelles sont vos ambitions profondes : exprimer vos dons plutôt que développer vos capacités.

C'est mieux que rien, mais ça ne suffit assurément pas à faire une nation moderne ! Sans producteurs et sans commerçants, sans techniciens et sans managers, votre belle créativité risque de ne pas vous assurer bien longtemps tout le confort moderne. Si l'imagination prend seule le pouvoir — à défaut de l'effort, de la compétence et du dynamisme — vous courrez tout droit au sous-développement, mes chéris !

A force de rêver pour vous de ce qui nous faisait le plus défaut, nous vous avons peut-être rendu un bien mauvais service. Comme nous avons eu trop de travail, nous avons allégé vos horaires, pas les nôtres. Erreur fatale : c'est jeune que l'on doit faire des efforts, parce que c'est jeune que l'on est capable de tout assimiler. Comme pour les sportifs d'Allemagne de l'Est qui s'exercent à la compétition dès l'école primaire, les cerveaux ont besoin d'entraînement pour se surpasser.

Claude Levi-Strauss a eu le courage de le proclamer un jour à la télévision. Interrogé par Bernard Pivot, il s'est insurgé contre l'infantilisation de plus en plus grande de l'humanité : « *Je crois à la contrainte dans l'éducation. Montaigne apprenait le latin à 5 ou 6 ans.* »

Cela, je te l'ai dit. Te voyant négliger les fantastiques possibilités d'apprendre qui étaient mises à ta disposition, je t'ai supplié de t'y mettre, mais je crois qu'il était déjà trop tard. Le goût du savoir ne se conseille pas, il vient d'une longue habitude, d'un besoin acquis jour après jour, d'une pression ferme et constante, d'un effort quotidien de l'entourage sur l'enfant qui le pousse à se surpasser pour l'honneur et l'amour de ses parents.

Non, décidément, je n'ai pas été cette mère japonaise. A ma décharge, il faut reconnaître que j'ai manqué, pour me soutenir dans cette politique éducative : de père japonais, d'instituteurs japonais, de professeurs de lycées japonais, d'universitaires japonais et d'hommes politiques japonais.

L'ensemble de la société française depuis vingt ans s'est essentiellement préoccupée du sort des maîtres sans se sentir vraiment concernée par celui des élèves. Tant qu'on n'osera toucher à l'un, on ne pourra infléchir l'autre. Les enseignants eux-mêmes en sont conscients, et l'on peut pressentir que quelque chose va bouger dans les années à venir. Mais ce sera pour la génération de tes propres enfants.

Aujourd'hui, il est trop tard pour faire de toi un Japonais. Il ne te reste plus qu'un maître pour essayer de t'en sortir : *toi.* Je lui souhaite bonne chance. Il va te falloir acquérir tant de choses que nous avons omis de t'enseigner !

De toute façon, à l'âge que tu as, mon rôle pédagogique est terminé. J'en ai une pleine et douloureuse conscience quand je ne te sens pas prêt à profiter de toutes les possibilités qui te sont encore ouvertes. Quand je songe à tous les jeunes qui aimeraient tant pouvoir continuer quelques années à étudier et qui se trouvent obligés de s'arrêter faute de moyens financiers, ta nonchalance me scandalise. Nous sommes des milliers de parents dans ce cas : disposés à financer vos années d'études supérieures, mais refusant de sponsoriser vos échecs, de licences avortées en écoles bidons.

« *La paresse est mère de tous les vices* », disait ma grand-mère ; elle avait raison, **raison, raison.**

Voilà que je me mets à faire de la morale. Tout ce que tu détestes. Il suffit de voir ta tête quand je me tourne vers toi pour dire : « *Il faut que je te parle...* » — ma phrase annonciatrice de fastidieuses considérations sur le sens de la vie.

« *Ecoute, pourtant : il faut que je te parle...* »

VII

Tout n'est pas permis

« *Passion, Maman !* » Argument définitif quand tu veux clore une discussion qui t'ennuie. « *Passion* », ta façon de me signifier que ce que je suis en train d'essayer de te dire en cherchant les mots les moins traîtres, les plus justes, ne t'intéresse absolument pas. Dans ma jeunesse, on disait : « *Cause toujours, tu m'instructionnes...* » Tout au moins le pensait-on in petto, sans oser le formuler aussi nettement devant nos parents quand ils nous dispensaient leurs cours de morale. Différence de poids ! Plutôt en ta faveur : tu as la franchise — peut-être le cynisme — de tes opinions.

« *Passion, Maman !* » Quel mépris pour ce que je suis, ce que je pense, ce que je voudrais pouvoir te communiquer de mon expérience, de mes idées ! Vraiment, tu n'en as *rien à secouer* de mes considérations *bidons* sur la nécessité d'apprendre, le sens de l'effort, le respect des autres, les contraintes de la vie en société, l'inévitable rapport entre ce que l'on entreprend dans sa jeunesse et ce qu'on accomplit dans sa vie d'adulte.

Dit comme ça, c'est vrai que ça fait un peu leçon d'éducation civique pour CM2. Devant ton indifférence, je me demande parfois si tu fais semblant de ne pas comprendre ou si tu fais exprès de ne pas entendre ma petite chanson du bien et du mal.

Consciente de l'aspect aisément « Travail, Famille, Patrie » du discours moralisateur contre lequel je me suis moi-même si fort braquée lors de ma crise d'adolescence, je m'évertue à suggérer plutôt qu'à marteler. A souligner plutôt qu'à imposer. A donner l'exemple plutôt qu'à exiger.

Ah, le BON EXEMPLE ! Celui qu'il fallait donner à son petit frère, celui qui empêchait de mettre les coudes sur la table, celui qui, entre adultes, servait d'excuse à l'esclavage domestique. Pauvre Papa, combien de fois s'est-il entendu intimer de ne pas fourrer les doigts dans son nez pour éviter que nous en fassions autant ! Comme le DEVOIR pour les femmes, le BON EXEMPLE servait de croque-mitaine aux parents de jadis. Pas de grasse matinée, pas de relâchement dans la tenue, pas de gros mots en public, pas de disputes devant les enfants, pas d'élan de tendresse physique. On se tenait bien. on se tenait droit !

Evidemment, mon BON EXEMPLE à moi est un peu différent. Plus relaxe, moins conformiste. Il m'arrive souvent de dire « merde », de faire une bise à mon homme, ou de me promener à poil devant vous. C'est plutôt dans l'ordre relationnel que j'ai mes exigences. Style : si l'on veut que les autres se comportent bien avec vous, il faut commencer par se montrer correct avec eux, ne fais pas aux autres ce que tu as horreur qu'on te fasse à toi-même, mieux vaut s'expliquer que de faire la gueule et rouspéter on ne peut pas toujours demander et ne rien donner en échange. Dans la terminologie, cela paraît très différent de ce que prêchaient nos parents, mais, dans le fond, je sens bien que ça y ressemble. Tout tourne autour des relations plus ou moins satisfaisantes entre soi et soi d'abord, soi et les autres ensuite.

C'est justement sur ce point précis que nos points de vue divergent profondément et perpétuellement. Ce qui me choque ne te gêne pas, ce qui me scandalise te semble normal.

Pas facile, dans ces conditions, d'accorder nos modes de vie et nos façons d'être. Il nous manque une éthique commune minima.

A la recherche d'un code moral

Tu t'étonnes que je te parle d'éthique. Ce terme n'a jamais été employé au cours de nos discussions familiales, uniquement au lycée en heures de philo. Qu'est-ce que l'éthique vient faire au beau milieu de mes récriminations domestiques et de mes griefs financiers ? Depuis quand est-ce que ta mère se préoccupe d'éthique ?

Depuis ta naissance, imagine-toi. Depuis qu'ayant pris la responsabilité de te mettre au monde, je m'interroge sur la façon de t'aider, de te construire, de t'armer pour te donner les meilleures chances de vivre une vie qui vaille la peine d'être vécue. Pas forcément une vie qui ressemble à la mienne — ce qui était le but des parents de jadis —, mais une vie qui ressemble à ce que tu peux en espérer de mieux, en fonction de ce que tu es et seras capable de devenir.

Pour les parents de ma génération, la définition de cette éthique, sans laquelle il n'y a pas d'éducation, a été particulièrement périlleuse et difficile. Enfants de la Deuxième Guerre mondiale, puis de la Libération, nous avons eu le privilège de contester sans démolir. Les règles et valeurs de la société d'avant-guerre s'étaient écroulées d'elles-mêmes, il nous incombait d'en redéfinir de nouvelles. Entre l'explosion du monde moderne et du confort matériel d'une part, et l'implosion de la religion et des valeurs bourgeoises d'autre part, il a fallu chercher en tâtonnant une nouvelle façon de vivre, un code moral adapté à cette conjoncture inédite.

Que fallait-il garder des enseignements de la tradition chrétienne ? Quelles règles demeurent immuables à travers les siècles, parce que liées à la nature profonde de l'être humain ? Quels progrès moraux pouvait-on escompter du progrès scientifique ? Les bouleversements sociaux entraînent-ils des changements de la nature humaine ? Nous avons remis à plat les principes de notre jeunesse, fait le tri, dressé la liste de ce qui nous paraissait indispensable, nécessaire, préférable, ou inutile et nocif. A partir de là, nous avons tenté de vous élever. Avec toutes les incohérences que ces valeurs en mutation pouvaient susciter dans votre environnement éducatif.

Certains croyaient encore à la fermeté et aux contraintes. D'autres, dont j'étais, préféraient souplesse et explications. Les pédagogies modernes inspirées de Freynet ou de Piaget donnaient aux petits enfants toutes les chances de s'épanouir sans subir la loi d'adultes forcément « corrompus » par les contraintes de la vie sociale et « névrosés » par les interdits de leur propre éducation. La revanche de Jean-Jacques Rousseau sur la Reine Victoria, en somme.

Entre parents, les divergences sur les conceptions éducatives éclatèrent souvent dans l'intimité. Combien de scènes de ménage vous ont eus pour origine ? Combien de couples rompus vous ont utilisés comme exemples de leur désaccord profond sur le sens de la vie et sur ce qu'il est essentiel de transmettre aux générations futures ?

Chez les divorcés, quand les scènes de ménage disparaissent faute de vie commune, les griefs éducatifs fusent encore pendant des années :

— *Tu gâtes trop ton fils, tu vas en faire un bon à rien !*

— *Tu es trop dur avec ta fille, tu vas en faire une révoltée !*

Parfois, ces affrontements entre vos père et mère se déroulaient devant vous. Pas bêtes, vous profitiez de ces hostilités pour trouver refuge et appui auprès du plus libéral des deux. En règle générale, c'est le parent le plus coulant qui finissait par imposer ses vues, le consensus social valorisant plutôt la carotte que le bâton. Sans aller jusqu'au laxisme à l'américaine, nous avons mis beaucoup de miel dans notre discours.

En tout cas, plus personne ne vous a tirés ni ne vous a poussés dans le même sens. Au sein de la famille élargie, quand les grands-parents affirmaient, les parents nuançaient. A l'école, la plupart des professeurs enseignaient en rose, d'autres prêchaient blanc. Dans la cour de récréation, quand vous confrontiez vos informations sur le monde des adultes, vous vous aperceviez que vous croissiez en pleine terre de contradictions.

Cette diversité ne présentait pas que des inconvénients. Elle vous a permis de développer très tôt votre esprit critique. Alors que la propagande modèle des esprits soumis pour les faire entrer dans un schéma collectif, la sur-information exerce le jugement individuel, favorise le non-conformisme. Le moins qu'on puisse dire est que vous n'avez pas reçu une éducation conformiste.

La première génération de la Révolution Sexuelle

Prenons un exemple, le plus spectaculaire sans doute en ce qui concerne les jeunes de plus de 15 ans : la sexualité des adolescents. Dans ce domaine, fondamental pour la morale chrétienne, tout a changé en l'espace de vingt ans. Ce qui était le Mal est devenu la norme. Les chiffres le prouvent : selon un sondage du magazine *L'Etudiant* en 1983, 78 % des lycéennes et 97 %

des lycéens ont eu leur première relation sexuelle avant 19 ans.

22 % de jeunes filles encore vierges à 19 ans, vous trouvez que c'est beaucoup ? Pas moi, quand on se rappelle ce qu'il en était il y a seulement 20 ou 30 ans, à l'époque où les femmes de ma génération étaient jeunes filles.

Un sondage *SOFRES-Le Nouvel Observateur* de mars 1984 permet de mesurer le chemin parcouru :

QUESTION : « *A quel âge avez-vous eu vos premiers rapports sexuels ?* »

Femmes	Avant 15 ans	Entre 15 et 16 ans	Entre 17 et 18 ans
50 à 64 ans	—	—	12
35 à 49 ans	—	5	10
25 à 34 ans	2	10	30
18 à 24 ans	4	21	37

Même les milieux les plus conservateurs se sont trouvés contraints d'intégrer cette révolution. Vous avez désormais la libre disposition de votre corps.

Grâce à qui ? Tiens, vous ne vous êtes jamais posé la question ? Vous avez pris cette liberté comme la chose la plus naturelle du monde. Pourtant, c'est bien grâce à nous, vos mères, qui nous sommes battues pour abattre les interdits qui avaient gâché une bonne partie de notre propre jeunesse. Savez-vous que la loi autorisant la pilule et la contraception date de décembre 1967 ? Que celle sur l'interruption volontaire de grossesse est de janvier 1975 ? Toutes deux ont été votées alors que vous étiez déjà nés, il n'y a pas si longtemps.

Vous êtes la première génération de la Révolution Sexuelle. Nous avons été heureuses pour vous de cette belle liberté toute neuve dont nous vous avons fait cadeau pour vos quinze ans. Nous vous avons même enviés d'être nés dans un monde où la pilule existe, où les parents veillent à ce que vous la preniez, et où l'Education Nationale organise des cours d'éducation sexuelle dans les lycées et collèges. Peut-être ne vous rendez-vous même pas compte du bond prodigieux qui s'est opéré dans les mentalités pour vous permettre de profiter de **toute** votre jeunesse.

Une conseillère d'éducation d'un lycée parisien déclare dans *Parents* de janvier 1984 : « *Les élèves sont très mignons, ils se font la bise tous les matins. C'est vrai, ils ont à supporter des problèmes affectifs, des ruptures qui font mal, parfois ils connaissent l'amour-passion sur les bancs du lycée. Mais ils savent en parler, entre eux et avec moi. Ils se confient beaucoup :* “ *J'ai manqué parce qu'elle m'a quitté* ”, *m'a dit un élève de première, ce matin.* »

Une telle déclaration ne vous étonne pas outre

mesure. Moi si. J'essaie d'imaginer la tête de la surveillante générale si je m'étais présentée devant elle à 17 ans en tentant de faire excuser une absence par une rupture sentimentale. *Je te raconte pas !*

Quelle merveilleuse permission vous avez maintenant de jouer à l'amour, comme disent les Italiens, à l'âge de Roméo et Juliette ! Sans honte et sans reproches.

Des grandes phrases *carrément ch'*

Mais il n'a pas suffi de permettre pour entreprendre, ni de persévérer pour réussir. Vos yeux rougis, vos chagrins d'amour, vos règles en retard nous l'ont très vite démontré.

Votre nonchalance contraceptive nous inquiète. Nous qui avons placé tant d'espérances dans cette maîtrise de la fécondité féminine, nous voyons nos filles la négliger par légèreté ou la refuser par ignorance. Nous en arrivons à vous supplier d'accepter ce progrès.

Nous nous rendons compte aujourd'hui que, tout occupées à ouvrir de nouvelles voies, nous avons omis d'insister sur quelques principes essentiels pour conduire votre vie en terrain inconnu.

C'est là que l'éthique réapparaît.

En matière de sexualité, par exemple, il aurait été tout à fait fondamental de préciser : on est libre de faire l'amour, l'acte sexuel étant désormais reconnu comme une décision qui ne concerne que les deux partenaires, mais on ne devrait faire l'amour que dans le respect de soi-même et de l'autre.

Je ne t'ai jamais dit de grandes phrases comme celle-là. Exact. Je me serais sans doute sentie bien pompeuse et tu m'aurais trouvée *carrément ch'*.

De surcroît, les parents ne sont-ils pas les dernières personnes au monde avec qui vous ayez envie de parler d'amour ? Ils vivent les leurs en cachette, tout comme vous, sans jamais faire part de leur expérience.

Jadis les parents étaient là pour interdire, toute l'éducation sexuelle qu'ils pouvaient dispenser était faite de négations. Elle consistait à mettre les garçons en garde et à garder les filles en l'état. Depuis qu'ils n'interdisent plus, ils se taisent. Comme s'ils n'osaient encore passer de la répression à la reconnaissance. Si bien que votre jeunesse soi-disant libérée a été entourée d'un silence gêné pour tout ce qui concernait les problèmes affectifs et sexuels. Nous n'avons pas trouvé les mots pour exprimer cette nouvelle morale.

Comment expliquer les subtiles frontières

entre érotisme et pornographie, entre les domaines privilégiés de la passion et de la tendresse, entre les attachements qui vous épanouissent et ceux qui vous humilient, à des jeunes qui commencent à peine à découvrir le domaine périlleux et merveilleux des pulsions et des sentiments ?

Pour parler, il aurait fallu que nous soyons sûrs de nous-mêmes. Nous ne l'étions pas du tout. Tout occupés à intégrer les nouvelles mœurs dans nos propres vies d'adultes, nous n'avions pas encore suffisamment d'expérience pour vous en faire part. Recycler la tradition chrétienne à l'ère de la révolution sexuelle, pas facile. Nous avions trop peur que vous vous moquiez de nous et de nos bons sentiments.

Vois-tu, je me demande aujourd'hui si nous n'avons pas eu tort de craindre le ridicule, si nous n'avons pas fait preuve d'une pudeur excessive en éludant les déclarations de principe. Cela ne vous aurait pas forcément fait du bien, mais cela vous aurait peut-être évité d'avoir mal et de faire du mal.

Tout fiers de vous offrir un monde plus ouvert et plus riche que celui de notre propre jeunesse, nous avons oublié de vous en signaler les contraintes et les obligations. Nous avons péché par optimisme. Il ne suffisait pas d'aiguiser vos appétits et de cultiver vos dons, nous aurions dû également indiquer les astreintes, baliser les limites.

Non, tout n'est pas permis

Oui, il existe des règles que vous devez respecter. Si vous ne les respectez pas, la vie se chargera de vous taper sur les doigts.

Peut-être n'est-il pas trop tard pour agiter le drapeau rouge ? On dit que l'expérience des parents ne sert à rien, que seuls vos échecs et vos déceptions vous apprendront la vie. Est-ce tellement sûr ?

Comment définir en quelques mots toute l'éthique d'une vie ? J'ai cherché une base pour résumer l'essentiel. Pourquoi pas les Dix Commandements ? Quels dix commandements ? demandes-tu. Non, pas le film de Cecil B. de Mille, mais ceux que Dieu a délivrés à Moïse sur le Mont Sinaï, pour mettre un peu d'ordre dans ce qui se passait ici-bas. On les apprenait au catéchisme. Moi, je les sais encore par cœur. Toi pas. Pas étonnant : vous n'avez jamais rien appris par cœur. Pas plus *Oceano Nox* que les préfectures. Les Dix Commandements non plus.

Essayons quand même de voir quels *messages*, comme disent les publicitaires, les Dix Commandements voulaient faire passer, et si ces messages restent valables dans la société moderne. Ne vous inquiétez pas, il n'y en a pas pour très longtemps, le tour sera vite fait.

Les trois premiers Commandements concernent Dieu. Nous les laisserons de côté. Sur ce point, si j'ai des idées très nettes, elles me sont personnelles et j'ai décidé depuis fort longtemps de ne jamais prêcher ma croisade agnostique. Contrairement à ce que professent les croyants, la définition d'une éthique est encore plus difficile quand Dieu ne s'en mêle pas, mais c'est là une autre histoire et ce livre ne prétend pas au statut de traité de métaphysique. Donc, pas de conseils précis sur les commandements N°s 1, 2 et 3.

Abandonnons également ceux qui portent les numéros 6 et 9. Ils condamnent, de la façon la plus absolue, la luxure et autres œuvres de chair hors des liens du mariage. Nous venons de constater qu'en ce domaine, les mœurs ont radicalement évolué.

Restent les cinq autres. Tout à fait d'actualité.

Le quatrième recommande l'amour filial comme garantie de longue vie : en plein dans le sujet de ce livre. Nous y reviendrons.

Quant aux quatres derniers, ils concernent en fait : le meurtre, la violence, le vol, le respect d'autrui et le souci de la vérité. Tout ce qui fait la différence entre barbarie et civilisation. Tout ce qui nous angoisse quand nous sentons combien il s'en faudrait de peu pour submerger, engloutir cette société plus ou moins policée que nous avons connue et connaissons encore — guère parfaite, mais, comparée à d'autres, encore diablement vivable, notre civilisation occidentale !

Ces quatre commandements-là, ne les laissez pas tomber en désuétude. Vous seriez les premières victimes de ce retour à l'état sauvage. alors que votre avenir ne dépend vraiment que de vous.

En désaccord sur la notion de propriété

Prenons un exemple : le respect de la propriété. J'ai été étonnée que les Tables de la Loi consacrent deux commandements sur dix — 20 % de leur message — à cet aspect des choses. Beaucoup, non ? Presque autant qu'au Seigneur, et à égalité avec la luxure ! Il devait s'agir d'un progrès particulièrement difficile à obtenir dans les sociétés primitives du Proche-Orient.

Le vol est-il plus « instinctif » que l'honnêteté ? Quoi qu'il en soit, il suffit de considérer ce qui se passe parmi votre génération pour se rendre compte que le problème n'a pas cessé d'être d'actualité.

En fait, nous sommes en désaccord total sur la notion de propriété. Vous vous vantez de *taxer* dans les magasins, de voyager sans billets dans les transports en commun, de passer par-dessus les tourniquets du métro, de rentrer par la sortie pour ne pas payer au cinéma, de posséder la plus impressionnante collection de briquets et de stylos à bille « empruntés », de franchir les caisses des supermarchés en changeant les étiquettes.

C'est de vous que j'ai appris la méthode infaillible pour boire un bordeaux millésimé quand on n'a pas les moyens de se payer un de ces vins de luxe. Vous décollez l'étiquette d'une bouteille de 11° ordinaire, vous la collez sur le grand cru et placez celui-ci dans votre chariot au milieu de vos autres achats. La caissière, ne pouvant connaître le prix de chaque article en magasin, et n'étant pas forcément œnologue, n'y voit, paraît-il, que du feu et se contente d'enregistrer le prix indiqué sur l'étiquette. *Génial*, non ?

Désolée, non, je ne trouve pas ça *génial*. Malhonnête d'abord, stupide ensuite.

Si tout le monde se mettait à vous imiter, il n'y aurait plus de vie possible. Plus de commerce, plus de ravitaillement, plus de relations sociales ni de réseaux économiques. Le vol n'est pas qu'un sport dangereux, c'est le ferment de l'anarchie.

Il suffit de voir la tête que vous tirez quand vous en êtes vous-mêmes victimes pour réaliser à quel point vous avez, comme tout un chacun, le sens aigu de VOTRE propriété. Malheur à celui qui, la nuit quand vous dormez, vous pique un accessoire de votre *mob/tire,* malheur au salaud qui soutire votre portefeuille de la poche de votre blouson pendant que vous somnolez dans un train. Si vous teniez celui qui a osé, vous lui feriez *sa fête.* Etonnez-vous ensuite que le monde des adultes réagisse de même façon quand vous « jouez » à voler.

Dans la plupart des cas, en effet, vous *chourez* pour vous amuser, absolument pas pour faire face à des besoins de première nécessité. J'ai assisté à l'un de ces larcins stupides au supermarché à côté de chez moi.

Il portait des bottes de cow-boy trop pointues pour être honnêtes et un jean de bonne qualité. Une caricature de *loub'* dans sa version « beaux-quartiers ». Ce n'était certainement pas la misère et la faim qui le poussaient à *taxer.* C'était un amateur : il a suffi que la petite caissière lui demande d'ouvrir son blouson, quand il est passé devant elle, pour qu'il rougisse et se mette à courir. Quelques mètres plus loin, deux gorilles l'ont ceinturé. Ils ont trouvé sur lui deux tranches de saumon fumé sous cellophane. Les vigiles l'ont alors emmené au commissariat sous le regard gêné des clients. Combien ont dû se demander, comme moi, si ça valait vraiment la peine d'ameuter la police pour deux tranches de saumon fumé ?

Je me suis sentie triste pour ce faux cow-boy pêcheur de saumon en tranches. Il y avait quelque chose de si dérisoire dans son délit façon « fauchons chez Fauchon ». Au siècle dernier, on se faisait jeter en prison pour du pain. Aujourd'hui, le niveau de vie s'est élevé, on ne vole plus guère pour manger, mais pour s'offrir un petit moment de luxe, partager un morceau de rêve. Comment expliquer autrement qu'on n'emprunte à vos âges que les voitures de play-boys, jamais les modèles bas de gamme ?

Ma tristesse était un peu égoïste aussi. Au fond de moi-même, je me disais que ç'aurait parfaitement pu être toi, là, entre les deux vigiles en route pour le commissariat. Tout au long de ton adolescence, j'ai appréhendé ce coup de fil de la police m'informant d'une de tes conneries — le mot pourra choquer certains, mais c'est celui que je ne peux m'empêcher d'employer quand j'évoque les innombrables petits délits, plus irritants que graves, que vous êtes à même d'inventer, toi et tes copains, pour vous prouver que vous êtes *cap'*.

Mon téléphone n'a jamais sonné pour des choses bien graves. Une fois, j'ai été obligée d'aller te récupérer au poste de police de la Porte de Pantin parce que tu étais allé assister à un concert de rock en emportant une chaîne de vélo dans la poche de ton imperméable. Manque de pot, les flics fouillaient tout le monde à l'entrée pour éviter les bagarres à l'arme blanche. Ils t'ont embarqué avec deux porteurs de couteaux à cran d'arrêt et un détenteur de nerf de bœuf. Tu m'as juré que cette chaîne de vélo avait une fonction purement défensive, et nous n'en avons plus reparlé. Ta tête, à mon entrée dans le poste de police, m'avait laissé entendre qu'il n'était pas nécessaire d'insister.

Je n'ai pas de raison de me vanter de ton casier judiciaire vierge. Pas vu, pas pris : c'est par chance plutôt que par vertu que tu n'es jamais tombé sous le coup de la loi. Heureusement, aujourd'hui, je crois que tu as fini de jouer. Il me semble que tes copains et toi avez dépassé le stade des menus larcins et épuisé peu à peu les charmes de la violence. Je n'entends plus parler de bagarres du samedi soir pour une carrosserie éraflée ni de règlements de comptes pour une injure proférée.

Peut-être avez-vous commencé à comprendre du jour où vous en êtes revenu avec un œil tuméfié ? La condition de victime met du plomb dans la tête.

Il n'en est pas moins absurde de penser qu'il aura fallu que vous vous fassiez démolir le portrait pour admettre que nous n'avions pas toujours tort de vous mettre en garde contre la violence : la vôtre et celle des autres.

Dire qu'on ne peut rien transmettre, rien conjurer, rien empêcher ! Nous sommes les spectatrices en transes de votre match contre la vie. C'est comme si chacune avait un enfant champion de boxe (quoi de pire que d'être la mère d'un pugiliste et de considérer comme normal — voire même souhaitable — qu'un autre individu tire bénéfice et soit tout heureux de mettre à mal la tête de votre enfant !) On nous demande de rester bien sagement assises au bord du ring où vous faites les imbéciles, de demeurer impavides en attendant de savoir si vous aurez ou non le dessus, si vous ne finirez pas handicapés pour la vie, si vous aurez su vous battre ou si vous resterez au tapis parce que vous n'étiez pas assez forts ou habiles pour vous défendre.

Les autres, vos copains/managers, ont le droit de vous prodiguer des conseils entre deux rounds, de vous passer un petit coup d'amitié-miracle, de vous indiquer les points faibles de vos adversaires, de vous suggérer des façons efficaces d'attaquer ou bien des parades. Vous les écoutez, même s'ils ne connaissent rien à la vie et ne sont pas nécessairement de bon conseil

Nous, les mères, nous qui encaissons chaque coup qui vous est porté en plein dans notre ventre, nous n'avons que le droit de nous taire

Tout ce que nous disons est suspect, mis en doute, réfuté pour excès de tendresse.

Consciente de cet handicap à tes yeux, j'ai le plus souvent préféré me taire pour ne pas me sentir dans la peau d'un personnage qui te hérissait. Pourtant, d'après toi, j'ai encore beaucoup trop parlé.

Je m'aperçois, au contraire, que j'ai omis d'aborder avcc toi beaucoup de choses essentielles. Tout ce que j'écris aujourd'hui, j'aurais dû pouvoir te le dire au fil de notre vie commune, sans être obligée d'attendre ce jour pour tout déballer d'un coup, comme ça, dans un livre. Mais nous n'avons pas trouvé le temps de parler à cœur ouvert de ces sujets capitaux. Tu étais tout occupé à grandir, moi débordée à vivre tout en veillant aux grains. Nous avons pris de mauvaises habitudes de silence. Je m'en rends compte aujourd'hui, et je commence à réaliser **pourquoi** nous ne nous comprenons pas.

VIII

Un cercle en mouvement perpétuel

Ce jour-là, j'avais vraiment du mal à vivre. Je n'en pouvais plus d'être forte et gaie. J'aurais voulu craquer, être incohérente et désarmée, faire appel à plus grand que moi, me faire consoler. J'avais envie d'être l'enfant de quelqu'un au lieu d'être toujours la mère de tout le monde.

Dans la maison endimanchée, il n'y avait que toi et moi. Toi, tu absorbais sans conviction ta dose habituelle de feuilletons minables. Moi, je faisais celle qui travaille. Je finissais de remplir les feuilles de Sécu et les chèques mensuels — ces paperasses qui empoisonnent le week-end quand on n'a pas le courage de les expédier en semaine. Une fois réglées ces fastidieuses formalités, le petit écran et son éloquent mutisme ne m'ont pas fait envie.

Je voulais parler, dire, expliquer, te faire partager pour une fois les moins bons côtés de mon personnage. Te mettre en face d'une autre maman, moins costaude qu'il n'y paraît, plus proche sans doute de tes propres difficultés d'être. On nous rabâche que, pour avoir l'air jeune, il faut avoir l'air gai. Pas évident, à en juger par les longues mines que vous tirez tellement plus souvent qu'à votre tour. En dépit de vos joues fermes et de vos yeux sans rides, vous souriez moins que nous. Peut-être que si nous savions nous laisser aller à nos accès de mélancolie, prendre la nostalgie pour ce qu'elle est, nous parviendrions à nous sentir plus proches de vous ? Ou plutôt nous percevriez-vous plus semblables à vous ?

Si les parents jouaient moins aux grandes personnes, les jeunes se comporteraient-ils moins comme des petits enfants ?

C'est ce que j'avais envie de croire, en ce dimanche après-midi.

Mal m'en a pris. A l'instant précis où j'ai laissé échapper une larme — c'est bête, les filles, ça pleure, et, que tu le veuilles ou non, j'ai été, suis et resterai jusqu'au bout une fille ! — tu m'as lancé un regard consterné. Me bronzer poitrine nue devant toi, pas de problème, mais chialer, quel embarras ! Je me suis sentie très inconfortable. Je ne savais plus comment tarir mon petit torrent. Une fois exprimée, la déprime ne se réprime pas si aisément.

J'ai désarticulé des espèces d'excuses : « *Fatiguée... Comprends pas ce qui m'arrive... Idiot de se laisser aller comme ça.. Le blues... Tu connais ça à ton âge...* » Plus je voulais me reprendre, plus je pleurais.

Recherche d'un kleenex, fuite vers un robinet d'eau froide pour tamponner mes yeux rouges — il paraît que c'est efficace. Quel soulagement dans ta propre attitude quand j'ai eu repris ma situation en main, me chargeant de me tourner moi-même en dérision ! Seul l'humour m'a permis de battre en retraite après une scène aussi inconvenante.

Remontant dans ma chambre, le croiras-tu, c'est toi que je plaignais. Comme tu avais dû te sentir mal à l'aise par ma faute !

Plus jamais depuis lors — trois ans déjà — je n'ai fait vers toi la moindre tentative de communication de ce genre. Bloquée dans mon personnage de mère classique, j'ai gardé pour moi mon petit cinéma intérieur. Le film de mes vague-à-l'âme reste interdit aux moins de 20 ans.

Le mur de votre silence

Curieux qu'on ne puisse pas parler à ses jeunes, même quand ils sont en âge de partager problèmes et idées des autres. Les enfants étrangers vous adressent assez facilement la parole. Les siens, non.

Très souvent, dans la vie professionnelle, un

ami téléphone : « *Pourrais-tu me rendre un immense service : recevoir ma fille ? Elle ne sait pas très bien comment s'orienter/démarrer dans la vie. Je pense que ça lui ferait du bien de bavarder avec quelqu'un d'autre que sa mère ou moi.* »

L'envoyée se présente. Intelligente, attentive, sympathique, s'exprimant avec aisance, polie et tout. Subitement, on se souvient que le père vous avait annoncé une interlocutrice silencieuse/ timide ou butée / agressive. La réalité n'a vraiment rien de commun avec le portrait dressé par le géniteur. Pourquoi faut-il que les jeunes nous soient à ce point fermés et si souvent ouverts aux autres ?

Un psychiatre des hôpitaux me raconte un jour ses démêlés avec sa fille de 19 ans. Elle l'accuse d'être jaloux du garçon avec lequel elle *sort*, de se montrer revêche chaque fois qu'il vient la chercher, de faire preuve d'hypocrisie en refusant qu'elle le reçoive dans sa chambre, alors que la situation est tout à fait claire et qu'en tant que thérapeute, il trouverait inadmissible l'attitude d'un père qui se comporterait comme il le fait. Il reconnaît qu'elle n'a pas complètement tort. Comment explique-t-il ce conflit ?

« *Vous avez raison de vous étonner. Je me suis moi-même posé la question. Je n'ai trouvé qu'une réponse : on ne peut pas être père et psy à la fois.*

La distanciation dont je fais preuve en consultation me manque tout à fait pour régler mes propres conflits familiaux. Il faudrait un véritable dédoublement de ma personnalité pour dépassionner nos rapports. Non seulement cela me paraît difficile, mais je ne suis pas sûr que ce soit ce que ma fille attend. Elle a sans doute besoin de cette situation conflictuelle pour s'affirmer à ses propres yeux et à ceux de son " fiancé ". »

Attendrissant, ce désarroi du Professeur ! Rassurant également pour tous les parents qui se heurtent au même mur du silence. Il serait donc « normal » de ne pas pouvoir communiquer avec ses jeunes ?

Tout ce qui est « normal » n'est pas pour autant satisfaisant. Il est normal d'avoir envie de frapper les gens qui vous énervent, ça n'est pas une raison pour cogner. Tout l'effort de la civilisation consiste précisément à améliorer tant soit peu l'ordinaire des instincts et des sentiments. Est-il inconcevable de nous adresser la parole entre parents et enfants comme si nous n'étions pas de la même famille ?

Dans un remarquable livre sur le couple [1], Jacques Salomé, membre de l'Association française de Psychologie humaniste, s'interroge sur

1. « *Parle moi... j'ai des choses à te dire* », Les Editions de l'Homme.

les améliorations possibles de la comunication entre homme et femme. Ces lignes m'ont paru tout à fait transposables aux relations parents/ enfants :

« *Etablir une relation, c'est aller plus loin que les sentiments, c'est rapprocher et relier entre elles des différences.. Les sentiments agissent, fonctionnent parfois comme des parasites de la communication.*

« *Par une lucidité de plus en plus grande sur ma position dans l'échange, je peux tenter d'améliorer ma communication...*

« *La liberté des sentiments passe par la liberté de la parole, aussi douloureuse soit-elle. Les liens du cœur ne suffisent pas à maintenir ensemble deux personnes... une communication sur les peurs et les désirs est nécessaire.*

« *Penser que le dialogue va de soi, c'est en méconnaître les constants malentendus, les pièges subtils...* »

Ces difficultés de communication s'expliquent par une formidable pesanteur dans les attitudes des uns et des autres. Parents et enfants campent sur leurs positions traditionnelles sans tenir assez compte des changements intervenus dans les mentalités et les conditions de vie de la société contemporaine.

Pour trouver un nouveau registre, il faudrait admettre de nouveaux rôles, redéfinir sans relâche les termes du contrat qui nous lie les uns aux autres. On nous a appris qu'il était indispensable de réajuster de la sorte les comportements de chacun à l'intérieur du couple si l'on veut donner toutes chances de durer à la vie commune. N'en est-il pas exactement de même pour les autres personnages du cercle familial ?

Un cercle qui, loin de se figer dans un espace clos et immobile, devrait au contraire figurer une orbite sur laquelle chacun évoluerait en correspondance avec les autres, mais en déplacement constant par rapport à soi-même et au reste du monde.

Ce mouvement perpétuel existe dans les faits : les enfants grandissent, les parents évoluent, les situations matérielles et affectives ne sont jamais figées. Un effort de communication permettrait de réajuster perpétuellement les relations en fonction de ces évolutions.

Les mères en prennent d'emblée conscience. L'enfant change tant et si vite ! Il faut sans cesse évoluer soi-même pour répondre à la diversité de ses besoins. A la mère nourricière et tendrement matérialiste des toutes premières années de la vie succède vite une mère gouvernante, au vrai sens du terme : celle qui gouverne les gestes et les attentes, qui prend les décisions essentielles tout en assurant la marche vers l'autonomie. On ne prend plus sur ses genoux un enfant de douze ans, on ne prépare plus les tartines d'une jeune personne de dix ans, on apprend discrétion et retenue quand les seins pointent et que les joues s'ombrent de barbe.

Certaines mères acceptent difficilement de perdre ainsi d'année en année les versions successives d'un même enfant. Elles voudraient arrêter la pendule de la croissance et garder à jamais intacte la relation privilégiée, l'amour incomparable qui unit le petit enfant à celle qui l'a mis au monde. Elles étirent au maximum ce temps de la dépendance afin d'empêcher l'enfant de grandir, ou plutôt pour s'éviter de devenir la mère de ce personnage qui ressemble de moins en moins au petit qui les a comblées.

Ce ne fut pas mon cas : rien ne me fascinait plus que la maturation d'un caractère, l'éveil d'une curiosité, le développement d'un cerveau, la formation d'un corps. Je vous trouvais plus « humains » dans vos progrès que dans vos régressions.

Je ne regrette pas du tout que vous soyez devenus « grands ». Je trouverais même ça assez reposant si vous acceptiez de l'être vraiment.

D'ailleurs, si d'aventure j'oublie une seconde la rapidité et la réalité de votre évolution, vous êtes les premiers à me rappeler à l'ordre : « *Ecoute, maman, je ne suis plus un bébé...* »

D'accord, mais si vous n'êtes plus des bébés,

nous ne sommes plus les mères des bébés que vous avez été. Ça, vous avez beaucoup plus de mal à l'admettre. Sur ce point, vous vous montrez même on ne peut plus conservateurs. Ouvrez donc plutôt vos yeux et regardez autour de vous : les mères d'aujourd'hui ne sont plus fabriquées sur le modèle traditionnel.

Les « nouvelles » mères

Je ne sais plus à laquelle de mes amies journalistes est arrivée l'histoire de la « vraie maman ».

L'institutrice avait donné comme sujet de rédaction à sa fille de 10 ans : « Faîtes le portrait de votre maman au travail. » La petite rapporte fièrement la copie à sa mère. Celle-ci lit : « Le soir, maman travaille : elle fait la cuisine. Elle met son tablier, épluche les légumes et nous prépare la soupe... Papa aime beaucoup ça, et moi aussi. » Etc...

La mère s'étonne :

— *On t'a demandé de me décrire au travail, pas à la maison. Tu sais fort bien que je vais au bureau tous les jours. D'ailleurs, je t'ai emmenée visiter le journal. Pourquoi ne pas m'avoir plutôt décrite quand je tape un article sur ma machine à écrire ?*

— *Parce que la maîtresse avait demandé le portrait d'une « vraie maman ».*

Cette petite fille avait dix ans à l'époque. Vous aussi.

Vous avez beaucoup changé depuis ; nous aussi. Nous avons grandi. Plus que vieilli, peut-être. Il était impossible d'imaginer que nous pourrions remettre en question notre condition féminine sans modifier du même coup notre condition maternelle.

Depuis quelques années, on a parlé de « nouvelles » femmes, puis de « nouveaux » hommes, de « nouveau » romantisme et de « nouvelle » droite. Il serait temps d'ajouter les **nouvelles mères** à la liste des mutants.

Pour rétablir la communication entre votre génération et la nôtre, il vous faudrait commencer par réviser l'image fausse que vous avez de nous. Une image qui vous arrange mais ne nous convient plus.

Nous ne ressemblons plus aux « vraies mamans » de vos premiers livres de classe. Vous ne représentez plus — si tant est que cela ait jamais été le cas — notre **unique** raison d'exister. Nous nous sommes beaucoup énormément occupées de vous, mais en nous efforçant de préserver un grand pan de notre vie, tout à fait indépendant de notre rôle de mère. Plus vous avez avancé en âge, plus il nous a été possible de nous occuper un peu plus de nous, un peu moins de vous. C'est du moins ce que nous espérions. Cette soif de liberté explique notre agacement face à vos exigences et à votre dépendance. Nous avons mille choses passionnantes à entreprendre en dehors de vous.

Le fameux clivage du monge féminin en deux groupes distincts : d'un côté, les mères au foyer, de l'autre, les mères travaillant à l'extérieur, ne joue plus guère de rôle à l'âge que vous avez. Nous nous retrouvons toutes unies dans notre désir de liberté, conscientes d'avoir à vivre encore au moins vingt ans de la vraie, de la grande Libération — pas seulement celle des femmes, mais celle des mères.

Il est un temps pour tout dans la vie. Le temps qu'il nous reste à vivre à présent que vous êtes jeunes, alors que nous ne sommes pas encore vieilles, nous le voulons pour nous. Avec vous, mais pas seulement pour vous.

Retravailler, reprendre des études, refaire un nouveau couple, redécouvrir les joies de l'amitié ou les plaisirs d'un art un moment délaissé, retrouver du temps libre pour rattraper le temps perdu : la décennie 40/50, pour les mères, est le moment de la deuxième chance. Celle qu'il ne faut pas gâcher : après, il sera vraiment trop tard pour les projets, il ne restera que les regrets.

L'énergie et l'activité déployées par les

femmes à ce tournant de leur vie étonnent souvent. Les mères qui travaillent peuvent enfin partir au bureau et se défoncer dans leur profession, sans se préoccuper de ce qui se passe à la maison en leur absence. Tous les responsables des relations humaines le constatent : l'absentéisme augmente chez les hommes grisonnants, il diminue chez les femmes avec les premiers cheveux blancs.

Francine, cadre responsable dans une agence de publicité, clame sa libération : « *A 45 ans, je me sens jeune pour la première fois de ma vie. J'ai eu ma première fille à 20 ans, sans avoir très bien compris ce qui m'attendait. La deuxième, deux ans plus tard. Divorcée à 30 ans, avec un mari qui payait la pension alimentaire quand il y pensait, j'ai bossé comme une damnée pour les élever. Maintenant qu'elles ont du boulot et des jules, je voudrais qu'elles me foutent la paix. Je refuse de leur demander la permission de partir en week-end, je ne veux pas qu'elles prennent l'air vexé quand elles me téléphonent et que je ne suis pas à la maison. On ne peut pas imaginer comme elles sont possessives. Sans monnaie d'échange ! Pour les vacances, par exemple, elles m'annoncent au dernier moment qu'elles ne partiront pas avec moi, quand elles ont l'occasion de se joindre à un groupe de copains. Si je fais la même chose, le scandale ! Aucun reproche n'est trop amer pour me faire sentir que je suis une mère indigne. Elles aimeraient bien que je mène une vie monacale, mais elles ne m'auront pas. A moi la liberté* ! »

Du côté des mères au foyer, on assiste parfois à des transformations sidérantes. Certaines mères de famille nombreuse [1], loin de se retrancher dans leur personnage de « mamies », entreprennent alors une véritable reconversion. Elles ouvrent boutiques, se lancent dans la politique locale, acceptent des responsabilités associatives, bouleversent leur cadre de vie, décident de se faire classer au bridge ou d'apprendre l'italien.

Attention, les jeunes, ces mères-là n'ont plus rien à voir avec la maman toute à vous qui avait choisi — ou accepté — d'arrêter de travailler quand vous êtes entrés dans sa vie en la bousculant. Soumise à vos rythmes et à vos besoins pendant toute votre enfance, la voici qui reprend sa liberté. Vous perdez une esclave, avec les avantages et inconvénients que représente son affranchissement pour le présent et pour l'avenir.

Dans l'immédiat, vous y laisserez certes quel-

1. Louis Roussel, de l'INED, a précisé dans un colloque : « La génération des femmes qui ont actuellement entre 45 et 55 ans est celle qui, historiquement, a mis au monde le plus grand nombre d'enfants vivants. » Les mères de 3 et 4 enfants sont bien plus nombreuses parmi les femmes de 45/55 ans que parmi les jeunes femmes.

ques plumes en petits plats non mijotés et en linge sale non blanchi ; pour l'avenir, vous y gagnerez : vous n'aurez pas à traîner le lourd boulet affectif d'une « Pauvre Maman » !

Portrait d'une « Pauvre Maman »

Le monde de ma jeunesse était peuplé de « Pauvres Mamans [1] », femmes héroïques, femmes pélicanes qui sacrifiaient leur destinée personnelle pour remplir leur mission maternelle. Il y avait davantage de « Pauvres Mamans » dans les classes défavorisées, mais les catégories privilégiées en comptaient un fort contingent. La « Pauvre Maman » n'était pas caractérisée par son pouvoir d'achat, mais par ses conditions de vie. On la reconnaissait à l'abondance de ses manques .

1. **Le manque de sommeil.** Non seulement elle veillait souvent tard pour s'acquitter de toutes ses tâches ménagères, mais elle n'obtenait jamais de ses enfants qu'ils la laissent dormir tout son saoul les jours de repos. La vraie « Pauvre

1. L'expression « Pauvre Maman » était généralement utilisée par les enfants adultes. Les fils la prononçaient avec admiration, les filles avec compassion et — presque toujours — la ferme résolution de ne pas en devenir une elles-mêmes.

Maman » se devait d'être la dernière couchée et la première levée.

2. **Les privations alimentaires.** Elle n'était pas maigre, loin de là, mais, en règle générale, elle ne mangeait jamais le blanc du poulet, le croûton du pain, la souris du gigot, la moelle du pot-au-feu, le cœur de la salade, le chapeau de la brioche, laissant ces morceaux de choix aux plus petits ou aux plus gourmands. Sur ce point, mon attitude personnelle n'a pas toujours été très ferme. Mais en trente ans de ma vie de mère, j'ai toujours mangé les cuisses, jamais les blancs des 1 560 poulets que nous avons dû partager en famille [1].

3. **Les inhibitions sexuelles.** Souvent mère de famille nombreuse, elle redoutait plus que tout les grossesses indésirées, et préférait garder le contrôle de ses sens pour ne pas perdre celui de sa fécondité.

4. **La santé fragile.** Débordée par ses obligations familiales, contrariée dans ses aspirations personnelles, elle ne trouvait de véritable répit/refuge que dans la

1. A raison d'un poulet par semaine, ce qui doit être la moyenne dans les foyers urbains.

maladie. Incapable de se préserver, elle préférait se plaindre, exprimant avec son corps les frustrations qu'elle n'osait avouer à son entourage — et surtout pas s'avouer à elle-même. Quand la charge se faisait vraiment trop lourde, elle tombait malade pour de bon, elle pouvait alors se libérer de son fardeau sur ordonnance.

5. **Le sous-développement culturel.** Pour ne pas voler de temps à ses enfants auxquels elle croyait tout devoir, elle négligeait toute activité ou loisir voués à sa seule satisfaction ou à son seul plaisir. Elle tricotait plutôt que de lire, allait au cirque plutôt qu'au théâtre, ne regardait à la télévision que les programmes choisis par les enfants, etc... Faute d'entraînement, chez certaines femmes qui avaient eu la chance, étant jeunes, de faire des études, on assistait à une véritable dégradation des facultés intellectuelles.

6. **Le manque d'autonomie.** L'habitude de ne vivre que par rapport aux autres membres de la cellule familiale créait chez elle un véritable syndrôme de dépendance affective. Elle ne faisait que servir de caisse de résonnance aux joies et aux soucis d'autrui. Par suite de cette carence d'identité, elle risquait de peser

très lourdement sur son entourage en cas de malheur (divorce, veuvage, soucis d'argent...)

Conditionnées par tous ces manques, les « Pauvres Mamans » étaient fort à plaindre, en effet. Mais elles risquaient surtout d'empêcher leurs jeunes de prendre véritablement leur essor De la « Pauvre Maman » à la mère abusive et à la belle-mère redoutable entravant la réalisation affective de ses enfants, même adultes, il n'y a qu'un pas qu'elles franchissaient avec une désarmante bonne conscience. Impossible de demander trop quand on a la conviction d'avoir tout donné !

Les enfants aiment-ils leurs parents ?

Ce danger n'est pas complètement écarté, il restera toujours des femmes pour choisir ce modèle de vie, mais leur nombre, jadis majoritaire dans les sociétés européennes, surtout latines, ne cesse de diminuer. On entend de moins en moins de femmes jouer les victimes et martyres pour s'attirer la reconnaissance et la tendresse de leur cercle familial.

Parfois, quand vous manquez par trop de gentillesse ou d'attention à mon égard, je me demande si je ne suis pas un peu flouée, avec mon profil de maman pas « pauvre » du tout. A force de répéter que vous avez fait ma joie, que je vous ai désirés, que ma vie n'a en rien été amputée par la maternité, mais au contraire enrichie, vous avez fini par vous considérer comme un don du Ciel. A moi, en somme, de vous en être reconnaissante. On ne demande pas à un bienfaiteur de vous savoir gré du plaisir qu'il vous dispense.

Françoise Dolto aurait-elle raison quand elle affirme que les enfants n'aiment pas leurs parents [1] ?

Ces sales petits monstres d'égoïsme s'aimeraient eux-mêmes en exclusivité, n'apprécieraient l'amour de leurs parents que dans la mesure où il leur permet d'obtenir ce qu'ils veulent, de se sentir en sécurité, de satisfaire leurs besoins et caprices. Il faudrait donc **leur apprendre à nous aimer,** forcer leur attention et leur tendresse par une propagande savamment orchestrée.

Seule méthode efficace pour contrecarrer leur égocentrisme congénital : la répétition, tout au long de leur enfance, de spots publicitaires du style : « *Il faut être gentil avec Papa et Maman* »

1. La phrase placée en exergue à ce livre est citée dans « *Chers Parents* », d'Anne-Marie Coutrot et Jean Ormezzano, Ed. Robert Laffont.

« *On n'a qu'un Papa et qu'une Maman, mieux vaut les ménager si on veut s'en servir longtemps.* » « *Quand tu seras grand, il faudra penser à rendre à Maman un peu de l'amour qu'elle t'a si généreusement donné.* » Faute de quoi ils s'habituent à leur rôle de pachas et n'imaginent même pas qu'il faille donner quoi que ce soit en échange de ce qu'ils reçoivent, nul n'ayant insisté assez lourdement sur ce point.

Cette situation ne daterait pas d'hier. Souvenez-vous, dans le Décalogue : le quatrième commandement, juste après les trois principaux qui concernent Dieu, exhorte à l'amour filial : « *Tes père et mère honoreras, à fin de vivre longuement.* » Aucun, en retour, n'est consacré à l'amour parental. Serait-ce que les sentiments des enfants envers leurs parents posent problème depuis les siècles des siècles, alors que notre tendresse, elle, coulerait de source ?

Vision super-pessimiste ? Moins qu'il y paraît. Plus personne ne croit désormais à l'automatisme des sentiments. Si donc les enfants ne sauraient nous aimer d'instinct, ils peuvent nous découvrir, nous apprécier, éprouver de la tendresse pour ce que nous sommes plutôt que pour ce que nous représentons. Il est plus satisfaisant de penser que la sympathie que nous leur inspirons, quand ils accèdent au statut de jeunes, ne correspond pas à un devoir mais à un penchant.

Il est encore une autre hypothèse : un jeune n'aurait vraiment aucune envie d'entretenir avec ses parents des relations amicales et chaleureuses. Cette vision n'est certes pas facile à assumer. Moins douloureuse, cependant, si l'on admet l'idée qu'il n'y a pas de relation de cause à effet entre la façon dont on s'est comporté avec lui et la façon dont il se comporte avec nous. La grande question de nos grand-mères : « *Mais qu'est-ce que j'ai fait au Ciel pour avoir un enfant pareil ?* » ronge le cœur et empêche de vivre. Parce qu'il n'y a pas de réponse.

Je n'ai qu'une certitude, dans le flou de mes réflexions éducatives, une seule : **on n'a pas les jeunes que l'on mérite, on a les jeunes qu'on a.** Peut-être en suis-je venue à cette conclusion parce qu'étant d'une nature plutôt optimiste, il me fallait trouver une façon de me remonter le moral les jours où je trouvais mes jeunes vraiment par trop ingrats, la vie vraiment par trop injuste ?

Puisqu'on ne les choisit pas, puisqu'on ne modifie qu'à peine leur nature profonde en vingt ans de dur labeur éducatif, **faut faire avec.** En nous souvenant que nos parents ont *fait avec* nous quand nous avions 20 ans, et n'ont pas toujours été à la fête.

Oui, je sais : nous étions moins égoïstes, plus attentionnés, plus respectueux, plus travailleurs, moins exigeants sur le plan matériel, plus responsables, plus intéressés par la politique, plus..., plus. .

Quand on me répond ainsi, j'incite toujours mes interlocuteurs à une grande séance de rétrospection. N'enjolivent-ils pas leur portrait de jeunesse ? N'occultent-ils pas les conflits qui les opposaient à des parents exigeants ? Ont-ils vraiment oublié leurs tricheries et leurs mensonges ? Ne crachaient-ils pas sur les modes de vie et la mentalité des adultes d'alors ?

Oui, les relations familiales étaient bien différentes, dans les années 50/60, mais dans les manières plus que dans les motivations. Etions-nous plus gentils ou seulement plus polis ? Nous faisions nos coups par en-dessous pour respecter les règles d'une société encore très tartuffière. Aujourd'hui, on *frime* moins, on est plus *cool.* Quand *c'est la zone* avec *les vieux,* on ne fait pas semblant, on *n'assume pas,* on *craque.*

La liberté de langage frise l'insolence « *Laisse tomber, t'occupe pas, c'est mon problème.* » Quand je m'entends répondre ainsi, je pense toujours à mon père. Il n'aurait certes pas été question de lui **dire** ce genre de phrases, mais, sur le fond, les affrontements n'étaient-ils pas les mêmes ?

Les jeunes nous interpellent sur un nouveau registre, celui de la franchise décontractée. A nous de leur répondre sur le même ton.

Pour parler à armes égales, il nous faut admettre que les relations avec nos jeunes ne sont pas évidentes, que nous ne leur devons pas tout, que l'objectif final n'est pas qu'ils nous aiment, mais qu'ils s'assument eux-mêmes, qu'on peut passer des moments ensemble si ça fait plaisir à tout le monde, mais surtout pas pour se dire des choses désagréables ou se faire la gueule, que nous ne sommes pas obligés de **payer pour nous faire insulter —** l'un ou l'autre est possible, mais pas les deux à la fois !

Du jour où l'on accepte cette idée de relations mouvantes avec ses jeunes, il devient plus facile de communiquer avec eux. De les tenir au courant de ses propres opinions les concernant, de remettre en question ces rapports s'ils ne s'avèrent pas satisfaisants, de chercher ensemble des solutions aux crises, de parler d'avenir plutôt que de ressasser le passé ou se braquer sur le présent.

Très calmement, sur le ton de la conversation la plus *décontract'*, sans faire de vagues, sans risquer l'infarctus, sans jouer les parents modèles, on peut alors suggérer *cool, cool :*

— *J'ai bien réfléchi, je crois qu'il est temps que tu finisses* ***enfin*** *de grandir..*

IX

Les limites de la patience

« Filles et garçons, pères, mères adoptent les mêmes tenues vestimentaires, les mêmes modes de vie. Tout le monde est « copain » ou camarade, c'est la société fraternelle qui nivelle la différence des sexes et des générations. Et les parents n'assument plus leur rôle de référence, de modèle.

« Ces industriels serrés dans leur jeans, ces bourgeoises singeant les minettes, privent les adolescents de leur révolte salutaire contre les parents. Or, on ne s'affirme qu'en s'opposant. Les adolescents ne deviennent adultes qu'en tuant symboliquement des parents qui leur résistent. En rejetant l'inéluctable et bénéfique " succession des générations ", en refusant d'entrer dans l'âge mûr, puis de vieillir, les parents abandonnent un rôle essentiel qui est de transmettre à leurs enfants le flambeau de la maturité et de la responsabilité. Il ne les font plus passer à l'âge adulte. »

Ce jugement sévère du professeur Serge Lebovici [1], professeur de psychiatrie à l'université de Paris XIII, exprime bien l'opinion classi-

1. « Le déguisement des parents », *L'Express* du 22/12/83.

que des psy, toujours prêts à nous prendre, nous autres parents, comme boucs émissaires. Tout serait toujours de notre faute. Si nos jeunes refusent de devenir adultes, est-ce parce que nous mettons de plus en plus longtemps à devenir vieux ?

Désolée, mais je ne suis pas d'accord.

D'abord, les prémisses sont fausses. Le temps n'est plus où les cadres dynamiques et leurs épouses — qui ne sont pas forcément des bourgeoises ! — jouaient les adolescents et les minettes attardés. Oui, les parents enfilent des jeans en vacances, des survêt' le dimanche matin, mais les jeunes, eux, n'en portent presque plus. Leurs « mouvements de mode », que l'on nous explique [1], leur appartiennent en exclusivité, et ne nous tentent guère. Quel père aurait aujourd'hui l'idée d'arborer une crête de punk ou une banane de rocker ? Quelle mère désirerait se faire teindre une mèche en vert ou se promener en haillons dans des vêtements découpés aux ciseaux ou achetés — pas même nettoyés — chez un fripier ?

Si, parfois, une BCBG de fille ressemble à sa mère, c'est parce qu'elle lui emprunte ses affaires; non l'inverse.

1. *Les mouvements de mode expliqués aux parents*, par Hector Obalk, Alain Soral et Alexandre Pasche, Ed. Laffont, 1984.

Ensuite, cette façon de tout expliquer par la démission des parents de leur rôle de croquemitaines me paraît quelque peu archaïque. Elle ne tient pas assez compte des profonds changements intervenus au sein de la cellule familiale dans la société moderne. Les rôles de père et de mère se sont diversifiés dans le cadre de modèles familiaux de plus en plus nombreux : famille mononucléaire classique, famille monoparentale, second mariage, famille où les deux parents travaillent à l'extérieur, famille où la mère travaille avec un père en préretraite, etc. L'autorité n'est plus une et indivisible, mais diffuse et partagée.

Plus j'y réfléchis, moins je suis convaincue qu'il soit absolument indispensable que mes enfants me « tuent » pour devenir adultes. Heureusement d'ailleurs, car voici qu'ils ont perdu leur principale raison de vouloir me faire la peau !

Dans la société répressive du XIXe siècle et du début du XXe, celle où s'élaborèrent les fondements de la théorie psychanalytique, il était effectivement vital de se révolter pour accéder à l'autonomie. Ceci pour une raison évidente : les parents étaient là pour vous empêcher d'avoir une vie sexuelle épanouie, pour réprimer vos désirs, contrecarrer vos plaisirs. Les adultes représentaient aux yeux des jeunes de véritables obsédés antisexuels.

Pour parvenir à se libérer dans sa tête comme dans ses sens et ses sentiments, il n'y avait alors qu'une solution : envoyer les interdits de Papa/Maman par-dessus les meules de foin.

Cette révolte sur le plan sexuel déteignait immanquablement sur les autres domaines de la vie. Une fois les parents contestés sur ce terrain essentiel — loin de moi l'idée de réduire en quoi que ce soit l'importance de la sexualité ! —, il devenait logique de s'opposer à eux sur d'autres valeurs qu'ils représentaient et défendaient. Quitte à récupérer plus tard, une fois l'envol pris, une partie de l'héritage culturel.

Ce schéma contestataire était encore tout à fait valable dans les années 50/60. A l'époque, on ne faisait toujours pas l'amour avec le consentement des parents ; en tout cas, jamais ouvertement sous le toit paternel. Si l'on voulait découvrir la joie d'être deux ailleurs qu'à l'arrière d'une voiture ou dans une chambre d'hôtel un peu sordide, restait à trouver quelque asile de liberté, même s'il ne disposait pas de l'eau courante ni du chauffage central. Mieux valait une chambre de bonne autonome qu'une chambre d'enfant sous surveillance !

Tout naturellement, et le plus vite possible, les jeunes n'aspiraient qu'à partir.

Mai 1968 marque l'apogée du boom immobilier sur les sixièmes étages d'immeubles anciens où les jeunes « révolutionnaires » abritèrent leurs amours libérées.

Un statut de rêve : bernard-l'hermite

Seulement voilà : les adolescents d'aujourd'hui n'ont plus besoin de déménager pour avoir le droit de faire l'amour. Telle est est la grande différence, à laquelle nous n'avons pas encore trouvé de réponse originale. Plutôt que de nous référer aux schémas « rétro » des familles puritaines du XIXe siècle, il nous faut inventer une nouvelle atmosphère familiale. Plus constructive que systématiquement oppositionnelle.

En fait, nos enfants nous *jettent* de moins en moins, parce que nous ne les empêchons plus de se libérer. D'aucuns peuvent regretter ce nouvel état de choses dans la mesure où le système antérieur donnait de meilleures chances aux jeunes de s'affirmer « contre », de se diriger violemment vers l'état adulte, mais on ne relève pas artificiellement des interdits obsolètes !

De là à se demander si nos enfants ne s'encoconnent pas dans leur statut de jeunes parce qu'ils trouvent tout simplement que c'est un statut de rêve, il n'y a qu'un pas. Imaginez plutôt : pas de problèmes de gîte et de couvert, pas d'impôts, pas de factures, pas de conflits vraiment graves avec les tôliers — Papa/Maman. Pourquoi diable auraient-ils envie de s'assumer ? Ils ont pris, en passant leur enfance dans nos maisons bien équipées, des habitudes de confort dont ils ne souhaitent certainement pas se défaire.

De toutes les façons, même un premier salaire ne pourra jamais leur garantir un train de vie comparable à celui dont ils bénéficient grâce à l'ancienneté accumulée par Papa — de plus en plus souvent aussi par Maman.

A choisir, cet argent, autant l'investir dans l'achat et l'usage d'une voiture, dans des vacances au long cours, des *fringues,* quelques petites économies aussi pour le cas où l'envie leur viendrait tout de même un jour de se marier pour se reproduire. Tant que les parents ne les *jettent* pas, ils seraient vraiment trop bêtes de ne pas profiter de leur statut de bernard-l'hermite !

« *Mon fils est inouï,* s'étonne un père d'étudiant en informatique, *il m'a expliqué qu'il aimerait bien vivre seul mais qu'avant de chercher un logement, il fallait que je m'engage à lui payer son loyer, son gaz, son électricité, son téléphone, son assurance et ses impôts locaux pendant au moins deux ou trois ans. Tirer le diable par la queue, manger de la vache enragée, paquest' !*

Dans un an, quand il aura terminé ses études, il va très convenablement gagner sa croûte, mais il a décidé que c'était pour s'offrir un tour du monde après un ou deux ans d'activité salariée. L'idée ne lui viendrait même pas de se prendre en charge financièrement. Il n'y met aucun point d'honneur, comme cela nous arrivait à son âge. Cela ne le gêne absolument pas de se faire entretenir. »

Voilà le vrai problème que l'on rencontre de plus en plus souvent : cette incrustation des post-adolescents dans la vie des parents. Cette façon qu'ils ont de vivre sans vergogne à nos crochets, cet envahissement de notre univers à un âge où nous aspirons enfin à la tranquillité.

J'affirme qu'il y a bien plus de parents pour s'interroger là-dessus, que de couples pour s'accrocher encore à leurs grands bébé mous.

En fait, les jeunes nous dérangent davantage que nous ne les gênons. En tant que parents, ils nous trouvent vraiment supportables — souvenez-vous : il ne s'en trouve que 6 % qui claquent la porte pour mésentente !

C'est donc à nous de prendre l'initiative, à nous de définir les nouvelles conditions de notre longue, si longue cohabitation.

Les conditions de la cohabitation

Tous les parents sont d'accord pour reconnaître que leur patience a des limites. Encore faut-il prendre la peine de les fixer.

Réflexion nécessaire pour soi d'abord ; pour en informer les principaux intéressés ensuite.

La pratique du « *Je t'avais bien prévenu/ue* » me paraît être la seule à permettre la mise en œuvre d'une politique à peu près cohérente, en définissant à l'avance un cadre idéologique et budgétaire. Puis il faut s'efforcer de tenir les grandes lignes du programme, quelle que soit la bonne ou mauvaise volonté des autres partenaires familiaux.

Pour définir ce cadre relationnel, les conditions d'une éventuelle cohabitation ou de sa prolongation, je vais me servir d'une méthode à quatre temps trouvée dans je ne sais plus quel manuel de psychologie un peu simpliste à l'américaine. Elle n'a rien de particulièrement originale, mais elle permet de mettre de l'ordre dans ses propres idées avec un minimum de subjectivité. Or la subjectivité est la chose la plus envahissante du monde quand une mère se met à réfléchir sur ses enfants !

1. Fixer un point limite au-delà duquel on ne cède plus.

Jusqu'à quel âge peut-on cohabiter avec de grands enfants ? A quel moment doivent-ils définitivement se prendre en charge ? Combien d'échecs à un examen peut-on raisonnablement leur accorder ? En fonction de quels critères faut-il établir cet échéancier de leur autonomie ? Combien de contraventions leur autoriser par an quand ils se servent de la voiture ? Quel budget faut-il leur allouer, pension comprise ou simplement pour leur argent de poche ? Jusqu'à quelle heure accepter que leurs copains sonnent à la porte ou les appellent par téléphone ?

Si on ne supporte pas qu'une horde de copains débarque dans le living-room le dimanche après déjeuner, au moment où l'on a soi-même envie d'être au calme pour écouter de la musique classique, **il faut le dire.** Pas le laisser entendre par de vagues allusions ou des soupirs excédés. Le dire non pas à mots couverts, mais à haute et intelligible voix. Quitte à ce que votre propre jeune se taille toutes les semaines à peine la dernière bouchée du déjeuner dominical enfournée. (Voir point n° 2 sur les conséquences.)

En revanche, si l'on préfère les sentir à la maison, quels que soient les inconvénients matériels de leur présence envahissante, il faut l'admettre et ne pas risquer de les voir s'éloigner par suite de remarques aigres-douces qui ne correspondent pas à ce que l'on souhaite vraiment.

Cette standardiste de 45 ans, déléguée syndicale, divorcée, vit seule avec ses deux enfants de 18 ans/filles et 21 ans/garçon :

« *Moi, je suis merveilleusement heureuse avec mes deux gosses, car je me suis complètement pliée à leurs habitudes de vie. Par exemple, l'année dernière, quand mon garçon a fait son service, il venait en permission tous les quinze jours avec trois copains. Ils couchaient partout, sur des matelas dans sa chambre, sur le sofa dans le living. Vous auriez vu la maison : un vrai chantier. Ils me vidaient le frigidaire et toutes mes bouteilles d'alcool en deux jours. Le lundi, je passais ma soirée à ranger leur bazar avec ma fille.*

— Et vous trouvez ça normal qu'ils viennent comme ça mettre votre logement à feu et à sang et repartent sans rien ranger ?

— *Ecoutez, moi, c'est simple : j'ai choisi. Ou je prends tout avec bonne humeur et je vis à leur rythme, ou ils vont s'en aller comme font tous leurs camarades qui finissent chez moi, parce que c'est le seul endroit où on ne leur fait pas de remarques désagréables quand ils écrasent leurs mégots dans les tasses à café… Je n'ai pas envie de ma tranquillité, j'aime mieux vivre au milieu des jeunes que toute seule. C'est clair, non ?* »

Certains admireront sa patience, d'autres critiqueront sa faiblesse. Peu importe. L'important pour elle est d'être consciente de son attitude et de s'y tenir.

Cette lucidité se révèle capitale dans le domaine financier. Pourquoi gâcher sa générosité par des grognements de mauvaise humeur chaque fois qu'on sort son porte-monnaie ?

Si l'on est déjà décidé à payer, si l'on sait d'avance qu'on couvrira les frais, si, au fond de soi-même, on préfère lui offrir ce qu'il/elle désire plutôt que de lui inculquer la valeur de l'argent, autant l'admettre. C'est une attitude parfaitement défendable : après tout, à quoi sert de gagner sa vie si ce n'est pas pour en faire profiter ses enfants ? **Mieux vaut les gâter de son vivant que de leur léguer des francs dévalués quand eux-mêmes seront déjà presque vieux !**

En revanche, si les extravagances de la jeune génération mettent sérieusement en péril l'équilibre du budget familial, si l'on pense sincèrement qu'un jeune fauché a plus de chances de vouloir bosser qu'un jeune comblé, il faut se pénétrer de ses propres certitudes et garder bonne conscience d'agir comme on pense devoir le faire. C'est une attitude parfaitement défendable : après tout, à quoi sert de gagner sa vie si tout doit sans cesse être dilapidé par ses enfants ?

On ne doit pas aide et assistance à ses enfants à perpétuité.

Deux attitudes antinomiques, aussi défendables l'une que l'autre. Il n'y aurait donc ni bien ni mal en matière éducative ? Presque pas. Mais, à cause de ce flou, il faut précisément s'efforcer de définir la limite au-delà de laquelle notre personnage de brave parent n'est plus valable.

2. Envisager les conséquences qui peuvent découler de ses choix.

Quand on dit NON à un enfant, il n'est pas content. Alors il se venge. En criant, en pleurant, en cassant, en jeûnant, en régressant, en empoisonnant la vie de ses parents par tous les moyens possibles et imaginables.

Jusqu'au jour où un enfant admet qu'on puisse lui refuser quelque chose sans remettre en question l'ensemble des relations que nous avons avec lui. Ce jour-là, il n'est plus tout à fait un enfant ! Il est des cas, hélas, où ce jour béni n'advient jamais. Nous connaissons tous des hommes et des femmes qui conservent leur vie durant une attitude d'enfants gâtés. Ils ne supportent pas un refus, se vengent dès qu'on les contrarie.

Les vengeances des grands enfants ressemblent à s'y méprendre aux représailles des petits.

Un peu, beaucoup, résolument, leur façon de

nous punir est de nous gâcher l'existence : depuis la porte de leur chambre fermée à clef pour bien montrer que nous ne sommes plus autorisés à pénétrer sur leur territoire, jusqu'à la disparition de plusieurs jours ou plusieurs semaines sans laisser d'adresse ni envoyer de nouvelles, en passant par la fête de famille à laquelle ils refusent d'assister — toujours ils utilisent les mêmes cordes de leur arc répressif : mauvaise humeur, absence et silence. Nous faire chanter par l'inquiétude, nous démontrer qu'ils sont plus importants pour nous que nous ne le sommes pour eux.

Honnêtement, si nous ne sommes pas prêts à payer ce prix affectif de nos refus, il est plus efficace de céder. A vingt ans comme à deux, il vaut toujours mieux éviter de faire devant un enfant la démonstration de notre faiblesse.

Mais ne comptez pas sur moi pour jeter la première pierre aux parents pusillanimes. Il me suffit de repenser à l'histoire de ma R 5 pour mesurer l'immensité de mes propres reculades !

Jamais je n'ai pu refuser de prêter ma voiture à l'un de mes enfants. Contrairement à leur père qui fait preuve à cet égard d'un bon sens parfait en ne leur confiant jamais la sienne, j'ai toujours — je dis bien toujours — fini par *passer ma caisse* quand ils me la demandaient.

Par dix fois, après une bosse ou une panne, un

oubli de me la rendre au moment où j'en avais impérieusement besoin, j'ai claironné ma détermination de ne plus jamais mettre **mon** volant entre **leurs** mains. Chaque fois j'ai renié mes bonnes résolutions. Je ne supportais pas leur amertume automobile.

En y réfléchissant, j'ai trouvé des racines psychanalytiques à cette aboulie : mon propre père m'a encouragée à passer mon permis et à conquérir très jeune mon indépendance motorisée. Je lui ai été très reconnaissante de cette marque de confiance, à une époque où il n'était pas si fréquent d'inciter les filles à passer leur permis aussi systématiquement que les garçons. La voiture doit donc représenter, quelque part dans ma tête et dans mon cœur, un symbole d'éducation moderne et libérale. Refuser de prêter ma bagnole, c'était, à mes propre yeux, me camper en personnage détestable d'adulte égoïste ignorant les besoins de mobilité de la jeunesse.

Cette névrose m'a coûté des fortunes. Jusqu'au jour où les malus accumulés par mes jeunes conducteurs ont quadruplé ma prime d'assurance. La limite était atteinte. Il m'a fallu changer de comportement : j'ai vendu ma voiture et acheté une carte orange.

Conséquences pour conséquences, j'ai préféré les transports en commun aux conflits familiaux.

3. Etablir un plan d'action rigoureux.

L'ennui, quand on se résoud à modifier le registre relationnel que l'on entretient avec des jeunes, c'est que la plupart des actions que l'on peut décider d'entreprendre sont négatives.

Ne plus..., ne pas..., refuser de [1]..., dire non..., les laisser se débrouiller / faire leur propre expérience / avoir des ennuis, etc. : toutes ces décisions n'ont rien de bien grisant.

Elles demandent surtout une grande force de caractère, car il est souvent plus difficile de changer de comportement dans la rigueur et la rétention que dans le don et l'expansion. Plus ennuyeux de faire des économies de gestes que de se montrer généreux.

Hormis quelques individus particulièrement égocentriques, la pente naturelle des parents est d'avoir envie de donner plutôt que de priver, d'aider plutôt que de laisser tomber, d'augmenter le confort plutôt que de le restreindre, d'agrémenter le quotidien plutôt que de le compliquer.

Quand les jeunes exagèrent, la seule façon de leur faire prendre conscience des limites de notre patience consiste à modifier notre attitude à leur égard. Toujours dans un sens restrictif.

1. Refuser de dire OUI, couvrir, rembourser, payer, ranger, nettoyer, téléphoner, prêter, donner, supporter — la liste est longue de toutes les résistances possibles !

Du sevrage à l'autonomie, la vie des parents n'est qu'une longue progression du tout vers le moins, du OUI vers le NON, de la garantie absolue vers la responsabilité limitée.

C'est peut-être dommage, mais c'est ainsi.

Pour être cohérent, un plan d'action ne doit rien attendre de celui qu'il concerne. L'initiative doit entièrement venir du décisionnaire.

Quelques exemples pour délimiter la frontière entre action et simulacre :

— on peut ne plus acheter d'apéritifs ou de digestifs si l'on en a assez de voir tous les alcools de la maison disparaître systématiquement chaque fois que l'on s'absente. *On ne peut pas obtenir qu'ils respectent la cave paternelle simplement parce qu'on leur a demandé de ne pas y toucher.*

— on peut refuser de financer leurs vacances en cas d'échecs réitérés à des examens. *On ne peut pas forcer à travailler un/une étudiant/te qui n'en a pas envie.*

— on peut ne pas se lever quand ils débarquent, l'air affamé, sur le coup de neuf heures pendant le film du dimanche soir. *On ne peut pas exiger qu'ils arrivent à l'heure ou qu'ils préviennent par téléphone qu'ils seront en retard.*

Certains parents vont hausser les épaules à la lecture de ces exemples : chez eux, les jeunes marchent encore à la baguette, ils respectent les chaînes Hi-Fi et les horaires, ils cèdent leur place aux dames et avalent leur soupe même s'ils lui trouvent un goût de grimace. Je suis convaincue qu'ils sont de bonne foi et ne nourrissent aucune illusion sur la perfection de leur mode d'éducation. J'affirme simplement qu'il s'agit d'êtres d'exception, qui peuvent se considérer comme des privilégiés. Une seule chose m'étonne à leur sujet : que font-ils encore ici, à la page 186 de ce livre consacré aux démêlés du commun des mortels avec leur progéniture ?

4. Informer les intéressés du calendrier de ses décisions.

Quand on a bien délimité sa patience, envisagé les répercussions, fourbi ses décisions, il reste à le faire savoir. On ne prend pas ses enfants en traître, il faut les prévenir de toutes les calamités qui risquent de s'abattre sur leurs têtes du jour où nous allons tirer l'échelle.

Faire savoir n'est pas simplement dire. On constate en effet que les jeunes oreilles ont une audition très sélective : elles n'entendent absolument pas ce qu'elles n'ont pas intérêt ou désir d'enregistrer.

Personnellement, j'ai proféré tant de menaces inutiles, provoqué tant de malentendus — les messages que je voulais transmettre n'ayant pas été *mal* mais pas du tout *entendus* — que j'ai fini par adopter la note écrite comme moyen efficace de communication. Elle présente les mêmes avantages que dans les entreprises :

1. *la nécessité pour celui qui écrit de clarifier ses idées et de savoir précisément ce qu'il a l'intention de dire.* On s'exclame facilement, dans un moment d'exaspération : « *J'en ai marre de toi..., ne compte plus sur moi..., tu ne penses qu'à toi..., jamais je n'aurais pensé que tu puisses faire une chose pareille...* ». Il est tout à fait différent de l'écrire noir sur blanc, à tête reposée La note évite les grandes scènes toujours pénibles pour celui qui les subit, ridicules pour celui qui les fait ;

2. *l'impossibilité pour le destinataire de ne pas en tenir compte et de ne pas s'estimer prévenu* Les paroles s'envolent, les écrits restent. Même déchirés, ils frappent les imaginations, posent les jalons des décisions futures ;

3. *la commodité d'une première approche qui peut servir ensuite de base de discussion.* Les limites fixées par les parents ne sont pas forcément justes et logiques. Ils peuvent s'être laissés

emporter par la mauvaise humeur ou ne pas avoir suffisamment étudié le dossier. En précisant par écrit les termes du contrat proposé, on permet à la partie adverse de plaider son cas, d'apporter des précisions supplémentaires, d'émettre des contre-propositions. Ceci est particulièrement vrai dans l'établissement des budgets, toujours plus réalistes quand ils sont réajustés en fonction des revendications ou observations des intéressés. Il vaut toujours mieux faire une première proposition quelque peu étriquée : comme tout un chacun, les jeunes décèlent mieux la nécessité de crédits supplémentaires qu'une surestimation des dotations prévisionnelles.

Certaines personnes n'ayant pas le goût de l'écriture, on peut également recommander la méthode audiovisuelle : enregistrement d'une cassette sur magnétophone. Un père m'a certifié qu'il pratique ce système avec ses enfants depuis plusieurs années, avec le plus vif succès. Il profite de ses voyages professionnels pour leur confier ainsi ses réflexions touchant leur avenir. Il considère que, quoique souvent absent, il a sans doute eu plus d'influence sur ses jeunes qu'un père toujours présent mais qui n'ose leur dire ce qu'il pense de vive voix.

Enfin, si l'on préfère la communication plus

directe, entre quatre z' yeux [1] — style « *Prends un siège, mon grand/ma chérie, j'ai des choses importantes à te dire...* » —, je me permets d'insister sur le soin à apporter à l'organisation de la rencontre :

Essentiel : fixer un rendez-vous à l'avance, ne pas bouler son petit discours entre deux portes à la sauvette. Un rendez-vous pris plusieurs jours à l'avance permet d'augmenter l'inquiétude et, par conséquent, la réceptivité de l'interlocuteur/trice.

Important : éviter les heures matinales. Mal réveillés, ils n'enregistrent rien. Se méfier également des fins de journée où l'on risque d'être constamment dérangé par le téléphone. Le mieux est souvent de déjeuner ensemble dans un troquet pas cher, loin des oreilles familiales — un modeste restaurant, car il serait malvenu de dépenser pour ce repas à deux ce que l'on se propose d'accorder comme allocation hebdomadaire !

Nécessaire : S'il s'agit de décisions à long terme — pour les jeunes, tout ce qui

1. Surtout pas plus de quatre : toute déclaration importante faite en présence d'un tiers — surtout si ce tiers est un frère ou une sœur — perd de sa portée et de sa solennité.

dépasse la fin du mois est à longue échéance —, ne jamais estimer qu'ils se le tiennent pour dit, et prévoir plusieurs séances de rappel.

Toute cette pompe risque de paraître excessive. Elle peut néanmoins aider les parents à aller jusqu'au bout de leurs décisions. Ce n'est pas toujours facile pour ce qui est des accrochages de la vie quotidienne ; mais cela devient carrément pénible, parfois même douloureux, quand il s'agit de pousser un jeune dehors.

X

Quand il est temps de partir

A bout d'arguments et de patience, la mère d'une éternelle collée à une sempiternelle première année de psycho-socio consulte un éminent spécialiste :

La mère : « *Docteur, je reviens vous voir à propos de ma fille de 22 ans. Il y a deux ans, vous m'avez conseillé de l'envoyer à l'étranger ou chez des parents en province pour qu'elle se construise, loin de son jeune frère et de moi, une autonomie. J'ai essayé l'étranger, comme jeune fille au pair dans une charmante famille anglaise, puis mes parents en province, puis une tante qui habitait la Région parisienne, enfin son père. Chaque fois, elle est revenue plus vite que prévu, laissant tomber toutes les propositions de job ou d'études.*

Depuis quelque temps, son attitude devient proprement intolérable. Elle pique des colères, casse tout ce qui lui tombe sous la main, jette des objets par la fenêtre et en vient aux mains avec son frère. »

Le médecin : « Ça, c'est plus préoccupant. Les crises de rage à 16/17 ans, passe encore, mais à 22 ans, vous ne devez pas tolérer cela. A moins que ça ne cache une réelle pathologie. Nous allons lui faire un bilan psychologique pour vérifier qu'il n'y a pas quelque chose de plus sérieux. »

La mère : « *Des bilans, elle en a déjà eu, on n'a rien décelé de réellement anormal. Elle a également suivi une thérapie. Enfin, elle a dû y aller cinq ou six fois, ensuite elle a laissé tomber. Prétexte : le psychologue habitait trop loin de la maison. J'en ai trouvé un autre qui habitait juste à côté. Celui-là ne lui plaisait pas : elle le trouvait antipathique.. Je ne sais plus que faire, son père non plus.* »

Le médecin : « Faites-lui une ultime proposition, en la prévenant le plus fermement possible que ce sera la dernière. Il faut qu'elle comprenne bien qu'il n'y en aura pas d'autre et que vous la mettrez dehors si elle ne l'accepte pas ou recommence la moindre crise. Je dis bien : **dehors !** A ce moment-là, il ne faudra plus revenir en arrière, même si vous mourez de peur à l'idée de ce qui peut lui arriver. »

La mère : « *Ce ne serait pas la première fois que je la mettrais dehors, que je lui couperais les vivres. J'ai déjà essayé à deux reprises. Mais quand elle revient, je crois toujours que les choses vont s'arranger.* »

Le médecin : « Vous savez fort bien que c'est

faux. Ça ne s'arrangera pas ainsi. Chaque fois, elle obtient exactement ce qu'elle veut : ne surtout pas devenir adulte, ne surtout pas travailler, ne surtout pas se prendre elle-même en charge. Elle n'est pas malade, elle ne se drogue pas gravement, juste un tout petit peu pour vous inquiéter, elle a des jules, des copains. Alors ?

La mère : « *C'est difficile de ne pas penser à tout ce qui peut lui arriver.* »

Le médecin : « Peut-être, mais si vous voulez lui donner une chance de s'en sortir avant qu'il ne soit trop tard, dépêchez-vous. Sinon, ce que vous vivez aujourd'hui avec elle risque de continuer jusqu'à la fin de vos jours. Il n'y a aucune raison pour que ça s'arrête. »

La mère : « *Ce qui est certain, c'est que depuis quelque temps, elle a considérablement assis sa position. Cela ne la gêne plus de se faire engueuler, de se faire traiter d'incapable. Les mots ne l'atteignent plus. Elle se trouve de plus en plus d'arguments pour justifier sa position. Le chômage : " Il n'y a pas de travail pour les jeunes. " Son incapacité : " Je ne sais rien faire de particulier. " La bêtise des autres : " Les employeurs sont des cons, ils ne savent pas ce qu'ils veulent. " Elle s'est installée dans son inaction et maintenant elle la revendique.* »

Le médecin : « Pourquoi voulez-vous qu'elle

change ? Elle campe dans une situation où elle exploite les autres et ça marche !

« L'escalade peut continuer, mais ce n'est pas ainsi qu'elle grandira. Le seul service que vous puissiez lui rendre, c'est de la responsabiliser malgré elle. Faites cela pour elle, ne revenez plus en arrière.

« C'est incroyable ce que les parents peuvent supporter sans rien dire ! Et le cheminement est toujours le même. Les jeunes exploitent à fond la culpabilité des parents. J'ai le cas, en ce moment, d'une jeune fille de 23 ans qui en est à son septième avortement ! Plutôt que de se responsabiliser en avalant une pilule tous les jours, elle préfère se faire avorter. Les parents ne savent plus quoi faire, et ils n'osent abandonner à elle-même une personnalité aussi immature.

« Alors, si vous avez des angoisses à l'idée de mettre votre fille définitivement dehors, allez voir un psychiatre, parlez-lui-en, faites-vous soigner, mais, devant elle, ne les montrez surtout pas ! »

Plus facile à dire qu'à faire, Docteur !

La mère qui m'a rapporté presque mot pour mot cet entretien était allée vous consulter n'étiez-vous pas le plus célèbre spécialiste des jeunes drogués ? Vos déclarations ont mille fois attiré l'attention de l'opinion sur les difficultés de la jeunesse actuelle, les pièges de la société moderne, la démission des parents. Connaissant votre sympathie et votre compassion pour les jeunes en péril, elle espérait trouver auprès de vous un conseil modéré, quelque méthode psychologiquement subtile pour acheminer peu à peu sa fille vers l'autonomie. En lieu et place de quoi vous lui avez carrément intimé l'ordre de la mettre à la porte ! A ses risques et périls !

Aux dernières nouvelles, elle n'a pas encore eu le courage de le faire. .

Cette préconisation radicale, émanant d'un thérapeute aussi respecté, m'a beaucoup impressionnée. Elle réhabilite une certaine brutalité et permet en tout cas de ne pas se considérer comme un monstre quand on en vient un beau jour à décider que trop, c'est trop.

Souvent, après avoir épuisé tous les arguments logiques, toutes les incitations affectueuses, les parents se rendent compte que la seule solution, face à un jeune irresponsable et immature, consiste à le *jeter*. Le jeter dans le tourbillon de la vie pour qu'il se décide enfin à nager sans la bouée Papa/Maman. Pourtant, entre cette prise de conscience et le passage à l'acte, il y a un océan : celui de la mauvaise conscience parentale.

Envoyer son enfant fragile au casse-pipe de la

vie n'est certes pas une décision facile à prendre quand aucun événement précis ne justifie ce grand largage. Or, tous les jeunes accrochés à leur statut d'irresponsables sont fragiles par essence — sinon, ils n'auraient qu'une envie : aller se frotter à la vraie vie, la leur.

Certains accidents de la vie familiale facilitent ce genre de rupture : le père se retrouve au chômage, un des parents tombe gravement malade, les parents divorcent, un déménagement ou des ennuis financiers servent de prétextes — tout à fait valables — à des changements de statuts, d'habitudes, de relations. Mais, c'est bien connu, les ennuis n'arrivent jamais au bon moment. Souvent, il faut avoir le courage de pousser un enfant dehors sans aucune autre excuse que le fameux : « *C'est pour ton bien.* »

Le Prince Charmant a la vie dure

A 24 ans, Virginie n'envisageait toujours pas de gagner sa vie, elle se trouvait parfaitement à l'aise dans sa peau de parasite. Avec deux ou trois IVG et quelques *sniffs* de cocaïne à son actif, elle gâchait puissamment l'existence de ses parents qui auraient pu, sans cela, connaître une vie des plus agréables : ils s'entendent bien, le père a une belle situation, la mère fait un métier qui la passionne.

Presque chaque soir, tandis que Virginie sortait avec sa bande de copains, des discussions sanglantes éclataient entre le père et la mère. Celle-ci protégeait son insupportable rejetonne, sa fille unique, son éternel bébé. Elle ne parlait jamais de sa peine de mère, mais des dangers courus par sa petite. Lui, au contraire, clamait sa colère, son indignation d'abriter sous son toit une larve aussi paresseuse, il jurait que son amour paternel n'était pas éternel, qu'il allait couper les vivres — et le cordon ombilical par la même occasion.

Le jour où le père mit sa menace à exécution, la mère continua à subvenir en grande partie aux dépenses de sa fille en prélevant l'argent sur son salaire personnel. En cachette du père.

La faiblesse maternelle fut ébruitée par une tante indiscrète. Le couple parental frôla alors la rupture. La paix n'est revenue que sur promesse absolue de la mère de ne plus subventionner l'indolent parasitisme de sa fille

Six mois plus tard, elle m'a confié . « *C'est incroyable ! Du jour où j'ai cessé de payer et où nous avons vraiment fait preuve de fermeté, Virginie s'est mise à travailler. Elle a tiré le diable par la queue pendant un mois, et comme elle n'est pas plus bête qu'une autre, elle a trouvé une place d'assistante dans une agence immobilière. Elle est complètement transformée, plus gaie, plus tonique physiquement, plus gentille avec nous. Son père m'a même permis de recommencer à lui acheter un chemisier ou une paire de chaussures de temps en temps. »*

Le cas de Virginie n'est pas unique. Je pourrais citer autant d'histoires de garçons que de filles qui n'ont commencé à s'assumer que du jour où il n'y a vraiment plus eu moyen pour eux de faire autrement.

Pourtant, ce n'est pas un hasard si les deux cas cités dans ce chapitre concernent des filles. Inconsciemment, les parents se montrent souvent plus disposés à les garder à la maison et à admettre leur inactivité. Depuis toujours, les garçons sont supposés travailler à l'extérieur dès qu'ils deviennent adultes. Les parents trouvent donc logique de les mettre au pied du mur de la vie active en leur coupant les vivres.

Le cas des filles, dans notre tradition socioculturelle, est moins évident. Le mythe du Prince Charmant a la vie dure, quelques années de féminisme n'ont pas suffi à le déraciner.

Ce fameux Prince Charmant passe pour résoudre les problèmes d'avenir des jeunes filles sans emploi. Il viendra un jour chercher Cendrillon chez Papa et Maman pour lui offrir tout le confort et un carrosse de 7 chevaux fiscaux.

Il faut être des parents très lucides et modernes pour ne pas ajouter foi à cette loterie amoureuse et attacher autant d'importance à l'avenir professionnel d'une fille qu'à celui d'un garçon. Pourtant, comment ne pas admettre que sans capacité d'assurer son indépendance financière, il n'y a pas de destin satisfaisant pour une femme d'aujourd'hui ?

Pour trouver du travail, il faut en vouloir

Fille ou garçon, chaque fois qu'il leur faut pousser un jeune vers la sortie, les parents souffrent mille tourments avant de consommer la rupture. Chaque fois, quelques mois ou années plus tard, ils se félicitent d'avoir eu le courage de prendre une aussi inhumaine décision.

Souvent, les proscrits, une fois chassés du foyer parental, cherchent asile auprès d'un autre membre de la famille. Ils tentent de trouver refuge chez les grands-parents, un frère ou une sœur aînés, une tante ou une marraine de bonne volonté.

On m'a cité le cas d'un garçon de 30 ans, chômeur quasiment professionnel, fils-père d'un petit garçon de deux ans, qui, depuis plus de dix-huit mois, squattérise sans vergogne l'appartement et la vie privée de sa sœur aînée. Au nom de son neveu-bébé, celle-ci n'ose mettre le père à la porte, bien qu'elle soit moralement excédée et financièrement gênée par l'inertie existentielle de son pique-foyer de frère.

Pourtant, toutes les sœurs ne sont pas aussi braves, toutes les grand-mères ne sont pas prêtes à bouleverser leurs conditions de vie pour trouver un coin où installer une troisième génération de passage. Le plus souvent, après une escale de quelques semaines dans ce dernier refuge, quelques centaines de francs empruntés ou extorqués, les bonnes volontés s'épuisent. Il ne reste plus alors qu'une solution au grand garçon ou à la grande fille bannis : subvenir à ses besoins.

Le plus étonnant est qu'en général, nécessité faisant loi, ils y parviennent assez rapidement. Comme m'a dit, deux ans après ses débuts dans la vie, un ex-glandeur reconverti dans la restauration : « *Pour trouver du travail, il ne faut pas en chercher, il faut en vouloir.* »

Du point de vue des parents, toutes ces ruptures ne se terminent pas forcément au mieux. Certains rejetons ombrageux et peu enclins à la tendresse ne pardonneront jamais l'humiliation ou le désagrément de leur abandon volontaire. Ils larguent la famille en même temps que les amarres, confondant loin des yeux et loin du cœur.

Ce risque de perdre de vue son enfant, bien des parents ne sont pas prêts à le courir. C'est pour leur insuffler le courage d'aller jusqu'au bout de leur détermination que des Américains ont créé l' « Amour Dur [1] », un mouvement d'entr'aide entre parents victimes de leurs enfants.

Ceux qui peuvent comprendre et aider

Comme les Alcooliques Anonymes ou les associations d'anciens drogués, l' « Amour Dur » répond à une évidence : les seuls à pouvoir vraiment vous comprendre et vous aider quand vous traversez une crise grave sont ceux qui ont traversé ou traversent les mêmes difficultés.

Muriel Hees explique :

« Toughlove est un groupe dont le but est essentiellement de " déculpabiliser " les parents, de leur éviter de devenir les victimes d'enfants qui n'ont pas été capables de comprendre l'amour qu'on leur portait ni d'y répondre. Lorsque la crise est là, il s'agit de la résoudre, et non plus de tergiverser. (...)

1. TOUGHLOVE, association fondée en 1977 par Philis et David York. Voir l'enquête de Muriel Hees dans *Le Monde* du 16 janvier1983.

« L'alcool et la drogue sont les deux préoccupations majeures des parents réunis là. Ce sont les problèmes de la classe moyenne blanche américaine. D'ailleurs, on ne voit pas de pauvres, pas de Noirs ici : les enfants n'ont pas l'excuse de la misère ou du chômage. (...)

« La philosophie de l' " Amour Dur " s'adresse à des parents dépassés, submergés. Il n'est plus question de déterminer pourquoi et comment on en est arrivé là, il s'agit d'être réaliste et de mettre fin à une situation intolérable, vite et bien. Le manuel de Toughlove indique : " *Il n'est pas important de savoir pourquoi ils sont comme ça, la question est de savoir si vous voulez vivre avec quelqu'un qui se conduit de manière destructrice* " (page 33). " *Se sentir fautif vous rend impuissant et vous avez besoin de tout votre pouvoir* " (page 72) »

Comme toujours quand il s'agit des styles de vie d'outre-Atlantique, mon premier réflexe, en entendant parler de ce groupement, a été de sourire : « Ils sont fous, ces Américains ! » En seconde analyse, j'ai admis que le fait de rencontrer d'autres parents dans la même situation, de pouvoir exprimer ses peurs, de s'apercevoir que des milliers de couples traversent les mêmes conflits, puisse faire du bien.

D'ailleurs, que faisons-nous d'autre quand nous racontons nos déboires parentaux à des collègues ou amies ? Que cherchons-nous d'autre quand nous allons demander conseil à des thérapeutes ?

Une oreille amicale — surtout pas familiale — qui nous rassure sur notre personnage de mère — je dis mère, car les pères se confient moins, leur orgueil les empêche de se plaindre à des tiers de jeunes dont ils ne sont pas fiers.

Je connais autour de moi trois cas d'anorexie chez des filles de 17, 20 et 23 ans. Trois filles intelligentes, sympathiques et jolies. La dernière est même mariée et étudiante en médecine. Trois jeunes qui se sont laissées maigrir jusqu'à l'hospitalisation.

Leur trois mères sont des femmes ouvertes. actives, ayant eu plusieurs enfants ; deux d'entre elles vivent avec le père de la jeûneuse depuis plus de 20 ans et forment des couples classiquement équilibrés. Si je fournis toutes ces précisions, c'est qu'on a un peu tendance à croire que les calamités n'arrivent qu'au sein des foyers dissociés, chez les « mauvais » parents. Ces trois femmes ont vécu un enfer à regarder leur enfant se tuer d'inanition à côté d'elles. Surtout, elles ont été choquées de constater la sorte de réprobation qui les entourait. Toutes trois ne se sont vraiment senties comprises que par des gens qui avaient approché de près un drame similaire au leur

En fait, seule la banalisation de ce qui semble être un drame permet de remettre les idées des parents en place, leur montre que leur jeune à eux n'est pas pire que la plupart, les déleste d'une part de leur culpabilité. Au royaume des aveugles, on n'a pas de complexes à ne pas voir clair !

Le seul conseil vraiment utile !

C'est au cours d'une de ces séances de lavage de linge familial que je me suis un jour rendu compte que mes relations avec vous étaient bien trop subjectives et passionnelles. A force de vous demander ce que vous n'aviez nulle intention de me donner, et de vouloir vous donner ce que vous ne me demandiez guère, je risquais de détériorer définitivement un climat tendu. J'ai décidé alors d'écouter le conseil essentiel de l'amie psychologue avec laquelle je tentais de trier ma lessive :

« *La seule personne sur laquelle tu puisses vraiment avoir une influence pour le moment, et dont tu puisses modifier le comportement, c'est TOI. Puisque tu ne peux changer tes enfants, propose-leur une autre mère.* »

Le jour où j'ai admis que je ne pouvais plus vous éduquer du tout, que si vous ne vouliez ou ne compreniez pas certaines choses, le fait de vous les seriner ne changerait rien, que ce que je **disais** n'avait aucune influence, mais que ce que je **faisais** en avait encore une, que ma mauvaise humeur n'arrangeait rien, mais que ma bonne humeur pouvait encore contribuer à recoller des morceaux — je crois que j'ai fait un pas décisif vers la sagesse !

Dans un domaine où chaque cas est si particulier qu'il est impossible de trouver des recettes simples pour amender des relations compliquées, c'est là sans doute le seul conseil vraiment utile que l'on m'ait jamais prodigué : **s'efforcer de se changer, soi, au lieu de s'épuiser à les changer, eux.**

Au surplus, ce conseil présente l'avantage de s'appliquer à toutes les circonstances, à tous les conflits, à tous les parents.

Pour les parents aussi, il serait temps de grandir !

Conclusion

S'il te plaît, dépêche-toi de mûrir un peu !

Je sais, tu as mille excuses à te comporter ainsi. Si tu ne prends pas vraiment la peine d'être vivable, si tu désarticules ma vie quotidienne, si tu te conduis de façon anarchique et désordonnée, si tu casses tout autour de toi, les objets comme les élans, c'est que tu es jeune.

C'est difficile d'être jeune. Je m'en souviens très bien.

J'ai toujours trouvé stupide cette légende des « plus belles années de la vie ». Les seules « belles années » sont celles où l'on se sent bien dans sa peau, à l'aise dans son personnage. Il faut un long bout de vie adulte pour en arriver là : à cette rencontre avec soi-même.

Tout le monde vous envie d'avoir 20 ans, pourtant rien n'est plus déroutant et compliqué. On dit que les jeunes sont beaux · ils sont bourrés de complexes. On leur attribue l'enthousiasme et l'élan : ils ruminent interrogations et hésitations. On les croit insouciants : leurs angoisses existentielles se multiplient au seuil de la vie active. Elles ne se calmeront que bien plus tard, une fois l'écureuil dans la roue.

Quant à l'Amour, vous le cherchez, vous y croyez, mais vous en connaissez à peine les joies, bien plus souvent les déceptions et les chagrins.

Tu m'attendris vraiment avec tes complexes, tes doutes, tes soupirs, tes déguisements et tes conneries !

Voilà que je recommence à jouer les mamans au grand cœur. Voilà que je te trouve des excuses.

Une fois exprimés mes reproches, mes agacements, mes inquiétudes, mes déceptions, mes frustrations, j'ai l'impression d'être comme libérée. J'ai piqué ma colère et m'aperçois maintenant que je ne t'en veux presque plus.

J'ai vieilli en écrivant ce livre, je suis moins jeune dans ma façon d'être ta mère, mais nos relations peuvent s'en trouver améliorées.

Seulement, pour établir une relation de qualité, il faut être deux. Deux à le vouloir d'abord, deux à s'en occuper ensuite. Deux pour se renvoyer la balle de la tendresse.

Une chose est certaine : en ce qui me concerne, j'ai cessé de jouer seule contre le mur de ton indifférence. J'attendrai donc, pour retisser des liens un moment distendus, que tu le désires.

Pour que nous ayons une chance de nous

retrouver, il faut que tu mûrisses un peu. Que tu découvres — sans qu'il me soit besoin de te le suggérer, encore moins de te l'imposer — que la tendresse est une valeur sûre qui permet de faire plaisir à l'autre sans autre raison que l'envie de lui faire plaisir. Pas une tendresse d'enfant, toujours plus ou moins intéressée, mais une vraie tendresse de grande personne.

Entre une mère et un enfant adulte, cette tendresse peut avoir une saveur exquise.

Nous avons encore devant nous une vingtaine d'années où nous pourrions profiter de cette relation. Ensuite, je serai dans ma dernière ligne courbe et j'aurai les cheveux trop blancs et le cœur trop fragile pour que nous nous comportions tout à fait d'égal à égal. Ma faiblesse rompra l'équilibre de nos rapports de force.

C'est maintenant, bientôt, très vite, que j'ai vraiment envie d'être amie avec toi.

Peut-être n'en éprouveras-tu jamais plus le besoin ou le désir ? Cela arrive plus souvent qu'on ne pense, que des adultes « oublient » leurs parents. Et je suis persuadée que ça n'arrive pas qu'aux « mauvais » parents. Je connais une vieille femme tendre et dévouée, aimante, attachante, gaie, autonome, qui ne voit son fils qu'une fois l'an, ou presque. Elle n'a jamais compris pourquoi ; lui non plus sans doute.

On ne choisit pas ses parents, comme on ne choisit pas ses enfants. Puisque j'ai envie que tu deviennes adulte et responsable, j'assume aussi l'idée que tu choisisses de m'oublier.

Dans ce cas, je m'efforcerai de ne pas trop nous culpabiliser, toi et moi.

Quel que soit notre avenir, sache seulement que je garderai toujours un merveilleux souvenir de ton enfance.

Et toi ?

Veulettes, septembre 1984.

Lexique

A c't ap' : à cet après-midi.

Ne pas confondre avec « *A s'tap'* », des années 60, qui signifiait : « *à se taper le derrière par terre* », expression aujourd'hui tombée en désuétude.

Amorti/ie : vieux, sclérosé, fatigué intellectuellement, pas dans le coup, dépassé, etc.

Exemple : « *Notre professeur de linguistique, j' t' dis pas, complètement amorti le mec*

Assumer : faire face, accepter une situation.

S'emploie essentiellement à la première personne du singulier.

Exemple : « *Passer tout le mois d'août avec mes vieux en vacances, j'assume pas !* »

Assurer : faire de l'effet, se faire remarquer.

Se dit aussi bien dans un sens positif que péjoratif.

Exemple : « *T'as vu la nouvelle nana de Didier, elle assure !* » Selon l'intonation, la nana peut être une beauté ou un boudin

A tout' ou **A plut' :** à tout à l'heure ou à plus tard.
Indique qu'on se reverra ou qu'on se retéléphonera dans la journée.
Peut s'employer seul ou précédé de : « *Salut...* »

Baigne (tout baigne, ça baigne) : tout va bien, pas de problèmes.
Vient de l'expression « *tout baigne dans l'huile* », mais l'huile a disparu.

Banquer : donner de l'argent.

Blé : argent.
Synonymes : **fric, pognon.**
Exemple : « *On va au ciné. T'as du blé, j'ai pas d' blé.* »

Bidon : faux, factice, illusoire, sans fondement, truqué.
S'utilise essentiellement dans les expressions : « *C'est tout du bidon* », « *C'est complètement bidon.* »

Buller : dormir. Par extension : ne rien faire.
Vient de l'ancienne expression d'argot « *coincer la bulle* », elle-même totalement démodée.
Exemple : « *Dimanche, j'ai bullé toute la journée.* »

Caisse : voiture.

Remplace peu à peu **bagnole,** mais s'utilise exactement dans le même sens.

Exemple : « *Tu peux me passer la caisse ?* » A ne surtout pas confondre avec « *Tu peux passer à la caisse.* »

Cap' (être) : se montrer capable de.

Surtout utilisé chez les très jeunes en cour de récréation, reste cependant en vigueur chez les post-adolescents. S'emploie essentiellement au mode négatif ; on dit : « *t'es pas cap' de...* », et non : « *t'es cap' de ?* »

Casquer : donner de l'argent. Synonyme de **banquer.**

Chourer : voler, subtiliser, chaparder, dérober, etc.

Synonyme de **taxer.**

Cinéma (faire un) . faire des histoires, faire un drame

Cool : bien, bon, agréable, joli, satisfaisant, réussi, détendu.

Exemple : « *On a passé la soirée chez Anne, c'était vraiment cool !* »

Crad' : forme elliptique de crado, sale, crasseux

A signaler : *crado* ne s'utilise plus du tout.

Craquer : ne pas pouvoir résister être à bout de résistance.

Exemple : « *Quand il me regarde, je craque* », ou « *J'ai des exam' dans trois jours, je craque.* »

Décontract' : forme elliptique de « décontracté ».
S'utilise essentiellement précédé de « vachement ».
Exemple : « *Les parents de Laurent sont vachement plus décontract' que vous* »

Défonce : effet produit par la drogue, essentiellement les drogues dures. Par extension : sensation forte.
Exemple : « *J'ai poussé la 500 de Didier à fond, la défonce !* »

Dégager : faire de l'effet, avoir de l'allure.
Ne pas confondre avec l'expression d'argot classique qui signifiait *s'en aller*.
Exemple : « *Anne s'est acheté une jupe de cuir noir, ça dégage !* »

S'éclater : prendre son pied, être tout à fait satisfait.

Etre trop : peut indifféremment souligner en bien ou en mal tout récit ou toute description.
Exemple : « *T'as vu Colaro hier soir à la télé ? C'était vraiment trop !* » Comme en beau-

coup d'autres expressions de ce langage uniquement fait pour être parlé, seule l'intonation permet de déterminer s'il s'agit d'un commentaire admiratif ou péjoratif.

Faitch' (ça) : *ch'* est l'abréviation d'un verbe en cinq lettres parfaitement grossier et parfaitement français puisqu'il se trouve dans tous les dictionnaires.

Se décline absolument à toutes les personnes, et à tous les temps : *Je me faisch'; tu te faisch'; il ou elle se faisaitch'; on s'est faitch'; vous vous ferezch'; ils se sont faitch', etc.*

Faut pas dec' : forme elliptique de *faut pas déconner.*

A noter : l'usage systématique de l'abréviation rend beaucoup moins grossier l'usage de certains mots.

Frimer : se comporter de façon à épater les autres.

Exemple : « *Depuis qu'elle a été reçue à son permis, qu'est-ce qu'elle frime !* »

Fringues : vêtements.

Exemple : « *T'as vu Anne, qu'est-ce qu'elle a comme fringues !* »

Génial ! : formidable, épatant, sensationnel, super-chouette, hyper-sympa.

Exemple : « *Ce mec, ce livre, ce disque, ce film, cette photo, cet acteur, cette soirée, etc.* **génial !** »

Gerber (faire) : dégoûter profondément, soulever le cœur.
Exemple : « *Quand je pense qu'il va falloir faire mon service, ça me fait gerber !* »

Glander : faire quelque chose ou ne rien faire. Au figuré : ne pas s'intéresser à...
Exemples . « *Qu'est-ce que tu glandes ?* » « *Rien, je glande.* » « *J'en ai rien à glander...* »

J' te raconte pas ! : souligne une situation ou une chose tellement étonnante ou compliquée que les mots manquent pour en parler.
Exemple : « *Mon père est rentré de la campagne plus tôt que prévu et nous a trouvés, Anne et moi, dans son lit. Sa tête : j' te raconte pas !* »

Jeter (se faire) : être renvoyé, se faire mettre à la porte.

Joint : cigarette de marijuana roulée à la main.
Par extension, désigne également une cigarette de tabac.
Exemple : « *T'aurais pas un vieux joint ?*

Libé : désigne le quotidien *Libération* (le seul quotidien à avoir intégré dans son vocabulaire rédactionnel la plupart des mots de ce lexique).

Look : apparence, allure, style de vêtements.
Exemple : « *J'ai envie de changer de look, je vais me faire couper les cheveux.* »

Loub' : forme elliptique de loubard.

Malade : obsédé, polarisé, passionné, en proie à une idée fixe.
Exemple · « *Didier y pense qu'à bosser, il est malade !* »

Mob' : forme elliptique de Mobylette.
Par extension, s'applique à tous les cyclomoteurs de moins de 50 cm^3 qui ne demandent pas de permis de conduire spécial.

Paquest' : il n'en est pas question.
Exemple : « *T'accompagner au supermarché pour faire les courses un samedi matin, paquest' !* »

Passion ! : exclamation exprimant le désintérêt complet.
Exemple : « *Mon grand-père a commencé à nous raconter ses souvenirs de la guerre 14/18. Passion !* »

Peinard : tranquille, à l'aise, sans histoires.
A noter : cette expression directement empruntée par les jeunes à l'argot classique a conservé sa signification, ce qui est suffisamment rare pour être souligné.

Pied (c'est le ou **c'est pas le) :** c'est bon ou c'est mauvais, c'est agréable ou désagréable.
Vient de l'expression « *prendre son pied* », souvent utilisée par les adultes, rarement par les jeunes.

Planer : au propre, se sentir dans un état irréel après avoir fumé de la drogue ; au figuré, ne pas avoir conscience de la réalité, se faire des illusions.
Exemple : « *Anne croit que Didier va sortir avec elle. Elle plane !* »

Pomper : littéralement empêcher de respirer, par extension : empoisonner l'existence.
Vient de l'expression « *tu me pompes l'air* », mais l'air a disparu comme l'huile dans « *tout baigne* ».
Autre signification, plutôt réservée aux lycéens : copier sur un autre élève.

Rat : avare, radin, mesquin.

Ringard (ringardos) : démodé, vieux jeu, pas à la mode

Exemple : « *Didier, avec ses cheveux longs style baba-cool, qu'est-ce qu'il est ringard !* »

Salut : bonjour, bonsoir.
Salut a remplacé, chez les jeunes, toutes les autres formules de politesse, que ce soit pour accueillir ou quitter quelqu'un.

Secouer (en avoir rien à) : se désintéresser, ne pas se sentir concerné par
Exemple : « *Moi, la politique, j'en ai rien à secouer.* »

Sniff : prise de drogue par le nez.
Particulièrement employé pour la cocaïne.

Sortir (avec) : avoir des relations sexuelles régulières, former un couple reconnu par les autres.
A noter · les jeunes n'utilisent pour ainsi dire jamais d'autre expression comme « *faire l'amour* », « *coucher ensemble* », « *être la maîtresse/l'amant* », etc, strictement employées par les adultes de plus de 30 ans.
On peut s'interroger sur l'inversion complète de signification, puisque *sortir avec* signifie ici clairement, en fait, que l'on *rentre ensemble !*

Taxer : voler, subtiliser, chaparder, dérober, etc.

Synonyme de **chourer.**

Tire : voiture.
Moins employé que **caisse.**

Tourner (de l'herbe) : fumer à plusieurs une cigarette de marijuana ou de haschisch.

Tranquillos : sans s'énerver, calmement.
A noter : la terminaison en *os,* très utilisée il y a quelques années, est devenue moins courante. Elle reste en usage pour trois mots *craignos, ringardos* et *tranquillos.*

Tronche (tirer une) : faire la tête, être de mauvaise humeur, n'adresser la parole à personne.
Exemple : « *T'aurais vu mon père le jour où j'ai été collée, la tronche !* »

Vieux (les) : les parents.

Zone (c'est la...) : locution négative en cas de situation désagréable.
Exemple : « *J'ai plus un sou pour finir le mois, c'est la zone !* »

Table des matières

Achevé d'imprimer en mars 1985
sur presse CAMERON
dans les ateliers de la S.E.P.C.
à Saint-Amand-Montrond (Cher)
pour le compte de la librairie Arthème Fayard
75, rue des Saints-Pères - 75006 Paris

ISBN 2-213-01523-6

Dépôt légal : mars 1985.
N° d'Édition : 7097. N° d'Impression : 617.

35.57.7299.07

Imprimé en France

35-7299-7